Juan Moya Corredor

Amor, sexualidad y familia

Sexta edición

SEKOTIA

SEKOTIA
www.sekotia.com
@sekotia

Sexta edición: mayo de 2025

Sekotia • Colección Reflejos de Actualidad
Editor: Humberto Pérez-Tomé Román
Maquetación: Miguel Andréu

info@almuzaralibros.com
Parque Logístico de Córdoba. Ctra. Palma del Río, km 4
C/8, Nave L2, nº 3. 14005 - Córdoba

Imprime: Gráficas La Paz
ISBN: 979-13-87812-01-0
Depósito legal: CO-738-2025
Hecho e impreso en España - *Made and printed in Spain*

ÍNDICE

Introducción

Se recogen en estas páginas algunos aspectos importantes sobre el amor humano, la sexualidad y la familia que afectan muy directamente a la mayoría de las personas y de los que depende, en buena parte, la felicidad y el sentido de nuestra vida. Hace años eran conocidos y pacíficamente admitidos por la mayoría, pero hoy, como consecuencia del relativismo ético y moral, resultan discutidos por no pocos, incluso entre los que se consideran creyentes. No es sólo un «tipo» u otro de normas morales lo que está en juego, sino la consideración misma del hombre, como dueño absoluto de su existencia y creador arbitrario de las normas por las que quiere regirse, o como persona creada por Dios con un «deber ser» que le viene dado por su naturaleza racional y el destino trascendente para el que ha sido creado.

Estas reflexiones pretenden ser válidas para personas creyentes y no creyentes, pues están escritas en primer lugar desde una consideración del hombre a la que podemos llegar por nuestra razón. No se excluye en ocasiones la referencia a lo que conocemos por la fe, pero en segundo término y como para confirmar y tal vez completar lo que nos dice la razón sobre la observación realista del comportamiento humano.

Hoy no se puede dar por supuesto qué se entiende por amor humano: ¿equivale al deseo o a la pasión?; ¿busca el propio bien o el de la persona amada?; ¿puede llegar el amor a su plenitud afectiva sin la plenitud moral? Son algunas de las preguntas que requieren una respuesta convincente. También habría que ver qué relación tiene con la sexualidad y ésta con la procreación. La distinción y la relación entre el *eros* y el ágape, de la que ha tratado con gran claridad Benedicto XVI en su encíclica *Deus Caritas est* puede sernos de gran utilidad. También podríamos preguntarnos si el sacramento del matrimonio añade alguna cualidad o característica especial al amor conyugal.

Otra cuestión interesante es estudiar la diferencia, antropológica y moral, entre los métodos naturales de control de natalidad —quizá mejor llamarles métodos naturales de diagnóstico de fertilidad, para destacar que el posible recurso a estos métodos puede ser también para conocer precisamente los días más fértiles— y los métodos anticonceptivos, y por qué unos pueden ser lícitos y otros no. Cabría preguntarse en este sentido si es lo mismo no buscar un bien que oponerse directamente a él.

En el fondo, lo que no está claro para muchos es el sentido mismo de la sexualidad, su finalidad y por consiguiente el valor del pudor y la castidad. Se podría empezar por preguntarse a qué obedece la complementariedad sexual del hombre y la mujer. Después se podría ver si la sexualidad se «agota» en el plano físico o hay también un plano afectivo y otro espiritual que deben integrarse mutuamente. De ahí pasaríamos a hablar del «lenguaje del cuerpo», que es necesario conocer, para llegar a plantearse «la verdad de la persona». Por este camino podemos llegar a entender por qué a la unión sexual sólo debe llegarse desde la entrega amorosa sellada con un compromiso estable de fidelidad. Veremos así que las relaciones sexuales no pueden regirse por una norma utilitarista, porque a las personas no se les puede «usar».

Si pasamos al ámbito de la familia, no son pocas las sombras que se ciernen sobre ella y tienden a desvirtuarla. Habría que empezar por decir lo que entendemos por familia; ¿tiene vigencia el concepto tradicional o, a lo sumo, hoy es un «modelo» más, junto a otros igualmente válidos? ¿Puede considerarse una grave «sombra» el divorcio o por el contrario es un derecho necesario cuando no hay entendimiento entre marido y mujer? En algunos de estos casos, ¿no habría que pensar que los problemas son «señal» de que el matrimonio fue nulo por inmadurez de uno de los cónyuges?; ¿no es lógico entonces iniciar el proceso canónico para probar la invalidez y conseguir la declaración de nulidad? Esto nos lleva a plantearnos qué se entiende por «normalidad psíquica» y por «capacidad para asumir las obligaciones propias del matrimonio». En cualquier caso, ¿están los esposos obligados en conciencia a superar las dificultades y salvar su matrimonio? En cuanto a los divorciados creyentes y vueltos a casar civilmente, ¿pueden participar de los sacramentos?

Los interrogantes que afectan hoy a la familia no se acaban aquí. Algunos van «más lejos» y piensan, por diversas razones, que no es necesario casarse para convivir juntos, porque basta el amor, incluso entre personas del mismo sexo. ¿Deben ser equiparadas las parejas de hecho al matrimonio? Algunas parejas terminan en matrimonio, y se preguntan ¿acaso no es lógico el «matrimonio a prueba» para conocerse mejor antes de comprometerse para siempre?

En estos últimos años se han aprobado leyes que rompen incluso los límites que nos vienen dados por la naturaleza humana; a algunos parece estorbarles la naturaleza que hemos recibido y piensan que el sexo con el que nacemos (hombre o mujer) es secundario porque la orientación sexual que cada uno desee tener depende únicamente de su libre decisión. ¿En qué consiste y qué pretende la llamada *ideología de género* que da lugar a este modo de entender la vida humana, el matrimonio y la familia? ¿Pueden derivarse graves perjuicios de esta ideología?

En cuanto a los hijos, ¿es posible tenerlos, en medio de tantas dificultades como pueden encontrar los matrimonios jóvenes;

no será una falta de responsabilidad?; ¿no supone un avance y una ayuda para los esposos disponer hoy de tantos medios de control de natalidad, que facilitan manifestarse el amor conyugal sin el riesgo de nuevos embarazos no deseados? Algunos piensan que es incompatible —chocan entre sí— manifestar el amor conyugal y la necesidad de respetar la apertura a la vida: ¿es esto cierto?

Si bien las «sombras» no son pocas, sin embargo, podemos tener motivos para la esperanza, sobre todo si partimos de la fe y sabemos que «no estamos solos» en este empeño por hacer mejor al hombre, a cada persona concreta. Pero hay que esforzarse en «encender las luces» que se hayan podido apagar para que la familia puede realizar eficazmente en la sociedad el papel fundamental que le corresponde. Entre otros avances importantes, es necesario descubrir que sólo el amor es la actitud apropiada y valedera para tratar a las personas —un amor que sea reflejo del que Dios tiene por cada ser humano—, y que el matrimonio es, debe ser, un verdadero camino vocacional al que Dios llama a la mayoría de los hombres para que alcancen su felicidad humana y eterna.

De estos temas y algunos otros trataremos en las páginas siguientes.

Capítulo I
AMOR Y SEXUALIDAD

Dediquemos este capítulo a unos de los temas que más importancia tienen en nuestras vidas, sobre el que tanto se ha escrito y se ha dicho, a veces desde posturas tan diversas e incluso contrarias. Sin duda, lo que podamos pensar sobre el amor y la sexualidad dependerá mucho del sentido de la vida humana que tengamos, y en definitiva del hombre mismo.

Procuraré ocuparme de los aspectos que considero más importantes en este ámbito; y trataré de hacerlo discurriendo a partir de lo que la razón puede descubrir y valorar, consideraciones en las que deberíamos de estar de acuerdo todos, si nuestro entendimiento no se confundiera en sus razonamientos y procediera con realismo y objetividad, lo que en la práctica no resulta fácil por tantos condicionamientos como encontramos en esta dimensión tan vital de nuestra existencia. Me referiré también a otras enseñanzas o conclusiones a las que llegamos desde la fe, coherentes con las anteriores, y que las amplían o perfeccionan.

A. Persona humana y sexualidad

LA PERSONA HUMANA, HOMBRE O MUJER

Como otros muchos seres de la escala zoológica, también el ser humano es sexuado, pero hay que decir enseguida que en nosotros la dimensión sexual no es simplemente, como en los animales, una parcela más de nuestra fisiología por importante que ésta sea para la transmisión de la especie. Sería reducir el hombre al nivel de los animales si consideráramos que el ejercicio de la sexualidad debe regirse por el mero instinto sexual, como hacen los seres irracionales. La ley del instinto que les ha sido dada, con la que nacen y mueren, les permite aparearse y reproducirse, como las leyes de la fisiología digestiva les permite alimentarse e incorporar a sus músculos los alimentos digeridos, o como la fisiología cardiorespiratoria les permite oxigenarse y enviar sangre arterial a todas las células. Pero estas leyes —de una precisión que debería asombrarnos y ayudarnos a ver en ellas la mano Inteligente del Creador— funcionan autónomamente, sin intervención de la voluntad, de la que los animales carecen. No afecta, por tanto, al «modo de ser» de los animales (que no pueden ser más que como son; no pueden ser «buenos» o «malos», «mejores» o peores») ni buscan otra finalidad que las que les viene dada por su propia naturaleza irracional.

Pero nosotros no somos irracionales, tenemos voluntad, libertad, y buscamos conscientemente unos fines u otros en nuestros actos, que por ser libres y conscientes son buenos o malos, nos pueden hacer mejores o peores. *El ejercicio de la sexualidad pertenece al ámbito de la libertad y la voluntad -que regula y orienta el instinto sexual- y por eso tiene una dimensión moral*, que puede ser buena o mala, según cómo vivamos sexualmente y cuál sea la finalidad que perseguimos. Por su naturaleza el hombre es capaz de actuar por encima de sus instintos, de someterlos libremente a un fin: si no fuera así, la moral no existiría.

Se trata, en definitiva, de ver que *no podemos separar nuestro cuerpo de nuestro «ser persona»*. Como consecuencia de la unidad sustancial de la persona humana, la persona es también su cuerpo sexuado, aunque no sea sólo su cuerpo. El cuerpo entra en la composición de la persona: la persona humana es una persona corporal, y no es posible imaginar la separación del cuerpo humano y la persona. El cuerpo es la misma persona en su visibilidad, y la persona se expresa mediante su cuerpo: *el cuerpo es el lenguaje de la persona*, como veremos más adelante. Es falsa —se opone al sentido innato de la unidad de nuestro yo que todos tenemos, y origen de errores sobre la sexualidad— la visión dualista de la persona humana: distinguen éstos entre la «persona» y su «cuerpo». La persona sería la «subjetividad consciente y libre», mientras que el cuerpo, y por tanto la sexualidad, sería como un accidente de la persona, algo añadido que no formaría parte de lo constitutivo o esencial de la persona. La persona, entendida así, «tiene» un cuerpo que puede usar libremente como le parezca, sin que eso afecte a la «persona»[1].

Por la unidad de la persona, todo lo que pertenece a su cuerpo, pertenece a la persona, y debe estar integrado en la ordenación al bien a la que debe tender toda persona. Como *la sexualidad es una dimensión de la persona humana*, debe estar integrada en ella. Si cuesta ver la intrínseca pertenencia del cuerpo a la persona, costará también integrar en ella las diversas dimensiones del cuerpo; costará someter el cuerpo al espíritu, con lo que la autoposesión y el autodominio estarán seriamente amenazados y, por tanto, la misma dimensión ética de la persona y su realización como tal[2].

1 Joan Carreras, *Las bodas: sexo, fiesta y derecho*, Rialp, 1994, págs. 139-40
2 Carlo Caffarra, *Etica general de la sexualidad*, Eiunsa, 1995, págs. 32-46

LA SEXUALIDAD, PARTE INTEGRANTE DE NUESTRA PERSONALIDAD

De las leyes fisiológicas que regulan «automáticamente», al margen de la voluntad, nuestro organismo —la respiración, circulación sanguínea, digestión, et.— no decimos que formen parte de nuestra personalidad o modo de ser, porque su funcionamiento nos viene dado, pero los actos humanos libres y voluntarios sí, y entre ellos, los actos relacionados con la sexualidad. Los primeros son «actos del hombre», pero no «actos humanos» por no ser voluntarios.

El modo de vivir la sexualidad es un elemento básico de la personalidad porque «es un modo propio de ser, de manifestarse, de comunicarse con los otros, de sentir, de expresar y vivir el amor humano. Por eso, es parte integrante del desarrollo de la personalidad y de su proceso educativo»[3].

Los sentimientos más íntimos de nuestro ser —los afectos, el amor y el odio...— y su expresión en la mirada, en el tono de voz, en el gesto, en la expresión del rostro y de las manos..., «hablan», se manifiestan en nuestro cuerpo, en nuestro cuerpo sexuado. Por eso «la sexualidad abraza todos los aspectos de la persona en la unidad de su cuerpo y de su alma» y además «concierne particularmente a la afectividad, a la capacidad de amar y de procrear y, de manera más general, a la aptitud para establecer vínculos de comunión con otro»[4]. De ahí la enorme importancia de entender y vivir bien el sentido de la sexualidad, para que nuestros afectos, nuestra capacidad de querer y la actitud ante la transmisión de la vida sean correctos.

Podríamos decir que *gran parte de nuestra madurez como personas depende del modo de vivir la sexualidad*, pues en

---

3 C. Educación Católica, *Pautas de Educación Sexual*, 1-XI-1983, Introducción

4 *Catecismo de la Iglesia Católica*, n. 2332

nuestra diferenciación sexual radican «las notas características que constituyen a las personas como hombre y mujer en el plano biológico, psicológico y espiritual, teniendo así mucha parte en su evolución individual y en su inserción en la sociedad»[5].

El sentido correcto de la sexualidad debemos buscarlo en la naturaleza del hombre: en lo que el hombre y la mujer son en sí mismos, en el sentido de sus vidas, en el fin para el que hemos sido dotados de la atracción sexual y de la capacidad de querer y engendrar.

El sentido correcto del sexo —como la búsqueda de toda verdad— no puede venir dado por criterios estadísticos: no dependerá de la consideración que de hecho sea la más extendida en la sociedad en un momento dado. La norma moral no viene dada ni por la sociología ni por la estadística, sino por criterios objetivos, de igual modo que una epidemia no deja de ser una enfermedad aunque sean muchos los que la padezcan. En este aspecto de la vida humana, como en todos pero quizá más en éste, puede haber una apreciable diferencia entre el «ser» y el «deber ser», por causas diversas algunas de las cuales recordaremos después.

El sentido de la sexualidad es alcanzable por la razón, porque afecta a todos los hombres de todas las culturas, edades y creencias. Por ello lo que han de vivir los católicos en este aspecto no es distinto en lo esencial de lo que debe vivir cualquier hombre que con una conciencia bien formada siga la ley natural, pues la Iglesia no califica arbitrariamente la moralidad o inmoralidad de los actos humanos relacionados con la sexualidad, sino que se basa en lo que objetivamente es conforme o contrario a la ley natural; hace de maestra de los hombres enseñándoles lo que nosotros mismos podríamos deducir si razonáramos correctamente.

---

5. C. Doctrina de la Fe, *Persona humana*, 29-XII-1975, n. 1

De otra parte, estas normas morales no hacen sólo más grato al hombre a los ojos de Dios, sino que *hacen más hombre al hombre*, más conforme con lo que debe llegar a ser, según su condición de criatura racional con un destino trascendente. Y esas normas morales no se imponen al hombre desde fuera, sino que están escritas en su corazón: son exigencias de su condición de persona humana[6].

Ahora bien, *los preceptos de la ley natural no son percibidos por todos de una manera clara e inmediata*[7]. Y la experiencia nos hace ver que en el ámbito de la sexualidad, las personas más o menos alejadas de las enseñanzas de la Iglesia, es frecuente

6 «En lo más profundo de su corazón descubre el hombre la existencia de una ley que él no se dicta a sí mismo, pero a la cual debe obedecer..., en cuya obediencia consiste la dignidad humana y por la cual será juzgado personalmente» (*Gaudium et Spes*, n. 16). Pero la conciencia no «crea» la norma moral a su arbitrio, sino que debe «descubrir» la que Dios ha puesto en su corazón, con todos los medios a su alcance.

7 La Iglesia enseña que «en la situación actual (debido al oscurecimiento de la mente y debilidad de la voluntad por el pecado original) la gracia y la revelación son necesarias al hombre pecador para que las verdades religiosas y morales puedan ser conocidas 'de todos y sin dificultad, con una firme certeza y sin mezcla de error' (Pío XII, enc. *Humani generis*, DS 3876)». *Catecismo de la Iglesia Católica*, n. 1960. En efecto, la atracción sexual desordenada comienza con el pecado original. Hasta entonces Adán y Eva estaban desnudos y no sentían vergüenza (Gen 2,25). Será después del pecado original cuando pierdan la capacidad de contemplarse así sin sentir vergüenza. A partir de ahí, y hasta la venida de Jesucristo al mundo, las posibilidades de degradación del sexo se multiplican: en el cap. 6 del Génesis Dios se lamenta de haber creado al hombre y decide borrarlo de la tierra «porque es muy carnal» (Gen 6,3). Sólo Noé y su familia consiguen gracia para salvarse del diluvio universal (Gen 6,8). Se podría recordar también el caso de Salomón, el Rey de Israel de corazón más noble y más sabio que ha habido nunca (I Rey 3,12) y sin embargo «siendo ya viejo vino a degradarse su corazón por causa de las mujeres... Se apartó de Dios y siguió falsos dioses, «de suerte que su corazón ya no era justo y sincero» (I Rey 11,4). En los pueblos paganos de esa época la degradación de costumbres era aún mayor: la prostitución llegó a adorarse como algo sagrado (cfr. I Rey 14,23-24; Apoc. 17,1-7).

que no reconozcan la validez universal e inmutable de las normas morales correspondientes[8].

Añadamos en estas consideraciones previas, que el hombre es «la única criatura del universo que Dios ha querido por sí misma»[9]; individualmente a cada uno, no a la especie humana en su conjunto, como en el caso de los animales. Y la más alta dignidad del hombre —nos dice el Magisterio— consiste en su vocación a la unión con El[10]. De esta dignidad se deriva que el hombre ha de ser tratado siempre como un ser singular, irrepetible, y nunca como un mero objeto de placer.

Por tanto, al valor del cuerpo sexuado alcanzable desde la razón, los cristianos añadimos otras razones que lo enriquecen aún más, lo que ayuda a ver que no se trata de caer en una consideración negativa de la sexualidad, sino en el cuidado para evitar que se desvirtúe, precisamente por su gran valor. Los valores cristianos del cuerpo se pueden resumir así: *el cristianismo exalta el valor del cuerpo como ningún otro punto de vista puede hacerlo*: porque la diferenciación sexual del cuerpo humano es un modo complementario de participar en la misma imagen y semejanza de Dios; porque Dios mismo lo asumió y lo hizo suyo, porque el Hijo de Dios fue concebido en un cuerpo humano; porque ese Cuerpo sirvió para alcanzarnos el perdón y abrirnos las puertas del Cielo; porque ese Cuerpo es el que está sacramentalmente presente en la

8. Es necesario distinguir entre una conducta deliberadamente ilícita pero que se reconoce como tal, en la que se cae por debilidad e imprudencia y de la que se procura salir, de aquella otra que aún siendo ilícita no se admite que lo sea: esta segunda es más grave. Habrá que valorar en cada caso lo que haya en ella de culpabilidad o de ignorancia no culpable con deseos de rectificar.

9 *Gaudium et Spes*, n. 24

10 *Ibidem*, n. 12

Eucaristía; porque nuestro cuerpo ha sido destinado a la gloria eterna y a la resurrección[11].

De otra parte, la Iglesia ha condenado a lo largo de la historia las doctrinas erróneas que consideraban negativa la materia, y por tanto el cuerpo y la sexualidad, e incluso el matrimonio[12]. Por el contrario, el C. Vaticano II enseña que «los actos propios de la vida conyugal, ordenados según la verdadera dignidad humana, deben ser respetados con gran estimación»[13].

En resumen, el que la sexualidad sea obra de Dios y tenga un sentido trascendente, hace que se deban evitar dos posturas extremas erróneas: el espiritualismo, que desprecia el cuerpo (aunque hoy esta postura sea poco frecuente) y la consideración meramente biológica del cuerpo, como objeto de placer simplemente.

LA SEXUALIDAD EN EL HOMBRE, COMO SER CREADO

Las afirmaciones anteriores nos llevan a ver cuáles son las características principales de la sexualidad, desdc una consideración de la persona como ser creado.

Vemos que los seres racionales que pueblan la tierra son varones y mujeres, con igual dignidad pero con diferencias anatómicas, fisiológicas y psíquicas. Y vemos también que la continuidad de la especie humana es confiada a la capacidad de engendrar del hombre y la mujer. Pero esas cualidades nos han sido dadas, no dependen de nosotros, ni de nuestros progenitores, sino del que nos creado así.

Para ejercitar esa paternidad y maternidad, para multiplicarse y llenar la tierra, Dios dispuso que el hombre y la mujer

11 cfr. André Leonard, *La moral sexual explicada a los jóvenes*, libros mc, 1994

12 cfr. *Denzinger*, n. 36, contra Maniqueo y Prisciliano

13 *Gaudium et Spes*, nn. 49 y 51

dejaran padre y madre —para crear una nueva familia y dedicarse a ella—, se unieran y fueran los dos una sola carne (cfr. Gen 2,24). Ahí están las propiedades naturales y esenciales del matrimonio, unidad e indisolubilidad, en el que han de venir los hijos al mundo.

Las ideas antropológicas básicas sobre la sexualidad, desde una concepción creatural del hombre, serían las siguientes, como enseña Juan Pablo II.[14]:

a) el cuerpo nos revela el sentido de la vida, pues la corporeidad es el modo específico de existir y de obrar el espíritu humano: el cuerpo revela «el hombre», expresa «la persona», y por eso es el primer mensaje de Dios al hombre mismo;

b) un segundo significado del cuerpo, de naturaleza teologal, es que el cuerpo contribuye a revelarnos a Dios y su amor creador; nuestro cuerpo es «testigo de la creación»;

c) en tercer lugar, el cuerpo, en cuanto sexuado, manifiesta la vocación del hombre a la reciprocidad, es decir, al amor y al mutuo don de sí entre el hombre y la mujer;

d) y la diferenciación sexual del cuerpo nos habla de la vocación a la fecundidad. «Los sexos son complementarios: iguales y distintos al mismo tiempo; no idénticos pero sí iguales en dignidad personal; son semejantes para entenderse, diferentes para completarse recíprocamente»;

e) y el hombre y la mujer constituyen dos modos de realizar una determinada participación del Ser divino: han sido creados «a imagen y semejanza de Dios»[15]

14 cfr. Juan Pablo II, *Hombre y mujer los creó* Ed. Cristiandad, Madrid, 2000, págs. 119-123 (Discurso del 9-I-1980).

15 «El mensaje fundamental de la Sagrada Escritura anuncia que la persona humana es criatura de Dios… imagen de Dios»; así, por ejemplo, además

y llenan esa vocación, no sólo como personas individuales, sino asociados en pareja, como comunidad de amor. Orientados a la unión y a la fecundidad, el marido y la esposa participan del amor creador de Dios, viviendo a través del otro la comunión con El[16]. Por tanto, «el hombre y la mujer tienen la misma dignidad y son de igual valor, no sólo porque ambos, en su diversidad, son imagen de Dios, sino, más profundamente aún, porque el dinamismo de reciprocidad que anima el 'nosotros' de la pareja humana es imagen de Dios»[17].

Por tanto, una primera consideración puede hacerse ya: que *el hombre y la mujer son depositarios de un poder de engendrar, no dueños absolutos, y deben respetar las leyes de la naturaleza por las que debe regirse su comportamiento sexual.*

---

de los relatos del Génesis sobre la creación del hombre (Gen 1,26-27; Gen 2,7) dice el Salmo 139,14-16: «Te doy gracias porque me has hecho como un prodigio: tus obras son maravillosas, bien lo sabe mi alma. No se te ocultaban mis huesos cuando en secreto iba yo siendo hecho, cuando era formado en lo profundo de la tierra. Todavía informe me veían a tus ojos». «De ahí que, por haber sido hecho a imagen de Dios, el ser humano tiene la dignidad de persona; no es solamente algo, sino alguien. Es capaz de conocerse, de poseerse y de darse libremente y entrar en comunión con otras personas». Y por esa semejanza con Dios, «la esencia y la existencia del hombre están constitutivamente relacionadas con El del modo más profundo (...). Esta relación con Dios puede ser ignorada, olvidada o removida, pero jamás puede ser eliminada. Entre todas las criaturas del modo visible, sólo el hombre es 'capaz'de Dios» (Consejo Pontificio Justicia y Paz, *Compendio de la Doctrina Social de la Iglesia*, 2005, nn. 108-109).

16 C. Educación Católica, *Pautas de Educación Sexual*, I.

17 *Compendio de la Doctrina Social de la Iglesia*, o.c., n. 111

ALGUNAS CONCLUSIONES ANTROPOLÓGICAS SOBRE LA SEXUALIDAD

De lo que hemos expuesto se deducen estas ideas de gran trascendencia para un recto entendimiento de la sexualidad humana:

a) la diferenciación sexual está orientada a la unión entre uno y otro sexo;

b) esa unión ha de ser para la procreación;

c) dicha unión ha de realizarse en el seno de una unión estable, indisoluble entre hombre y mujer;

d) la diferenciación sexual se debe también a la compañía amorosa que conviene que tenga el hombre y la mujer: «no es bueno que el hombre esté sólo, démosle una compañera semejante a él», dijo el Señor (Gen 2,18). Los demás seres creados no eran una compañía adecuada para el hombre;

e) estos fines —amor y procreación— no son incompatibles, y no deben escindirse voluntariamente. Volveremos más despacio sobre este aspecto fundamental.

Así pues, el sentido correcto de la sexualidad —y más concretamente, de la genitalidad— consiste en su «orientación a la procreación, que es la expresión máxima, en el plano físico, de la comunión de amor de los cónyuges. Arrancada de ese contexto de don recíproco —realidad que el cristiano vive sostenido y enriquecido de una manera muy especial por la gracia de Dios—, la genitalidad pierde su significado, cede al egoísmo individual y pasa a ser un desorden moral»[18].

18 *Pautas de Educación Sexual*, o.c. Introducción

B. Deseo sexual y amor conyugal

DISTINCIÓN ENTRE EL DESEO SEXUAL Y EL AMOR

Dediquemos unos párrafos a salir al paso del mal uso del término amor, ya que hoy, con frecuencia, se aplica esta palabra para designar conductas que tienen poco que ver con el amor. Y debe recuperarse el sentido original de la palabra, sin desvirtuarlo, aunque esto suponga ir contra corriente.

«El hombre no puede vivir sin amor. Su vida carece de sentido si no se encuentra con el amor lo experimenta y lo hace propio y participa vivamente en él»[19]. Pero ese amor debe ser verdaderamente amor, sin confundirlo con otros sentimientos o afectos.

Por ejemplo, el amor no es la simple atracción física, el *gustarse*, que normalmente se debe a aspectos puramente físicos (sensuales). No podemos olvidar que en toda persona hay también valores intelectuales (modo de pensar) y espirituales o morales (modo de ser). Para llegar al amor, sin quedarse en la mera atracción, es necesario conocer esos valores. La belleza exterior sin la belleza interior resulta hueca, vacía y por tanto insatisfactoria a la larga, pues la riqueza principal del ser humano está en su interioridad.

Otra cosa es la *ternura*, que va más allá de la sensualidad, porque descubre y valora el estado del alma de la persona querida, y responde con afecto, aunque hay que estar atentos para que las manifestaciones de ternura no se conviertan en modos de satisfacer la sensualidad. La ternura requiere un cierto dominio de sí.

---

19 C.E.. Española, Intruc. Pastoral *La familia, santuario de la vida y esperanza de la sociedad*, 27.IV.01, n. 1

Decíamos que el amor es una exigencia irrenunciable de todo ser humano. Pero para que el amor llena la vida es necesario que se dirija hacia un bien auténtico, no a un bien aparente o falso: es decir que se trate de un amor verdadero. Se trataría de un amor no verdadero si en la otra persona buscara primariamente mi propio bien, mi satisfacción personal, y no su bien, su felicidad: sería un amor egoísta, cerrado en sí mismo, dispuesto a «recibir» pero no a «dar». Ese amor soportaría difícilmente las pruebas y las contrariedades que la vida y la convivencia suelen depararnos.

Un amor no verdadero es el que identifica amor y sexo, y llama amor a cualquier relación sexual esporádica, en la que, por el contrario, hay de todo menos amor auténtico: el amor no es, sin más, pasión, ni aventura, y menos aún engaño o comercio. *El amor sexual auténtico ha de ser plenamente humano* —es decir, sensible y espiritual al mismo tiempo—, total —en una entrega sin reservas, pero razonable—, fiel y exclusivo hasta la muerte, y fecundo que no se agota en la comunión de entre los esposos, sino que está destinado a prolongarse suscitando nuevas vidas[20]. Volveremos sobre estas características algo más adelante.

En la relación sexual sin amor no se busca el bien del otro, sino gozar con él de la sexualidad, «usar» a esa persona. No se busca al otro, sino a sí mismo. No hay un encuentro verdadero entre un yo y un tú, sino dos «yos» separados, cada uno en lo suyo: es una relación pobre, hedonista, egoísta y, en definitiva, frustrante. El ejercicio de una sexualidad sin compromiso no puede ser amor, no es plenamente humana y acaba llevando al hastío[21]. Más aún: *las relaciones sexuales fuera del matrimonio son frecuentemente un obstáculo para que crezca y madure*

---

20 cfr. Pablo VI, Enc. *Humanae vitae*, n. 9

21 Algunos psicólogos —Lacán y Antonioni— han hablado del «sexo solitario» de individuos, que ni siquiera en el acto sexual son capaces de tender un

el verdadero amor, que se ve turbado por el ansia de la relación sexual: «La tiranía y la naturaleza misma de las emociones eróticas frenan y, en ciertos casos, detienen el crecimiento en el auténtico amor: los dos espíritus no logran ya comunicarse entre sí; la búsqueda afectuosa de ambos, todavía en plena formación (en el caso del noviazgo) y, por consiguiente en un estado de fragilidad grande, fácilmente resulta arrollada por el apremio del placer físico y se instaura aquel proceso de involución que acaba por desnaturalizar y ajar toda la obra del amor hasta entonces construida»[22].

En la separación del sexo y del amor se comienza por la ruptura entre la sexualidad y el matrimonio, con el pretendido «amor libre» sin compromiso institucional del que hablaremos después: se sigue con otra fractura, la separación entre sexualidad y procreación, y de una sexualidad sin procreación es fácil pasar a una procreación sin sexualidad (fecundación «in vitro» e incluso la pretendida clonación). El siguiente paso es la separación de sexualidad y amor, pues en este ambiente resulta problemático estar dispuesto a entregar la vida por amor. De ahí las graves consecuencias sociales que están a la vista de todos: incremento de la pornografía, comercialización de la sexualidad, violencias sexuales, etc.[23]

Hay que negar también el concepto freudiano de la *libido*. La palabra latina «libido» significa voluptuosidad que resulta del placer. Para Freud, el hombre está determinado por la búsqueda de la líbido: éste sería el fin de la tendencia sexual, y aun de toda la vida instintiva del hombre. Considera a la persona como un ser sensibilizado para captar estimulaciones

---

puente entre soledades que no es posible llenar. cfr. Rocco Buttiglione, «La persona y la familia», Palabra, 1999, pag. 103

22 G. Perico, *Riflessiiono morali sui rapporti prematrimoniali*, La famiglia 4 (1970),n. 20.108

23 C. E. Española, Instruc. Pastoral *La familia...*, o.c., nn. 29-32

sensitivas sexuales, por lo que el psiquismo del hombre es colocado a nivel de los animales. Es por tanto una forma abiertamente utilitarista de considerar la sexualidad, lo que choca con el principio personalista, que afirma que la persona no puede ser en ningún caso objeto de placer. El utilitarismo se basa en el egoísmo del placer como norma. *Para que se dé el amor es necesario no sólo no tratar a la persona como un medio u objeto de placer, sino como un bien tal que sólo el amor sea la actitud apropiada y valedera hacia ella.*[24].

Para algunos, *la masturbación* se trataría de un fenómeno normal de la evolución de la sexualidad, sobre todo en los jóvenes, en el que no habría falta grave. Se añade que las encuestas sociológicas demuestran la extensión de este hecho, que vendría a ser por tanto, algo «normal». Las encuestas se limitan a constatar hechos —en el caso de que sean fidedignas—, pero la simple frecuencia de un hecho no es un criterio que permita juzgar del valor moral de un acto humano[25].

En cuanto a la moralidad, el *autoerotismo* es un modo más de separar la sexualidad de su fin natural y, por tanto, es ilícito: es un acto sexual imperfecto e insatisfactorio, ya que excluye la orientación esencial a servir de lenguaje al amor y de medio para la procreación. Es un acto egocéntrico, egoísta, que no contribuye a superar el problema sexual, sino a agudizarlo: lleva a una erotización mayor y a una obsesión creciente. Puede llevar a un narcisismo que impida el desarrollo normal de la afectividad. A veces se busca como compensación de dificultades de diverso tipo que no se consiguen resolver: fracasos afectivos, falta de integración familiar, social, etc.; problemas profesionales, económicos, etc. No es cierto que sea necesaria para el equilibro orgánico, pues, cuando es realmente necesario, la naturaleza misma, de modo espontáneo, mediante

---

24 cfr. K. Wojtyla, *Amor y responsabilidad*, pags. 28, 38, 63-75

25 C. Doctrina de la Fe, *Persona humana*, n. 9

eyaculaciones nocturnas, elimina el líquido seminal acumulado, incluso sin ir acompañadas de sueños eróticos[26].

La Psicología —y no sólo la Moral— confirma que la sexualidad solitaria deja ordinariamente un sentimiento de vacío y soledad, por la ausencia de la dimensión afectiva; y con frecuencia ese sentimiento de frustración empuja a la búsqueda de relaciones sexuales improvisadas, es decir, sin amor. Abrir horizontes culturales, profesionales, afectivos y religiosos es un buen medio para superar el egocentrismo erótico, fruto de una vida con poco sentido[27].

Es necesaria una actitud crítica ante la idolatría del sexo que hoy inunda los medios de comunicación y en especial el cine y la televisión

No vamos a detenernos aquí en otra alteración importante de la sexualidad como es la *homosexualidad*, que hoy algunos pretenden presentar como una alternativa válida que se puede escoger lícitamente. Lo haremos en el capítulo dedicado a la familia, cuando hablemos de las «parejas de hecho». Digamos ahora simplemente que por mucho que se quiera justificar, es algo que va contra el recto uso de la sexualidad humana. Pero independientemente del error y mal moral que supone la homosexualidad, los homosexuales, en cuanto personas, merecen todo el respeto y toda la ayuda que pueda dárseles, si la desean, para que cambien su actitud, que no es irremediable, y que más que a condicionamientos orgánicos, se debe a la educación y las costumbres adquiridas[28].

---

26 cfr. José A. Sayés, *Moral de la sexualidad*, col. Tau, Avila, 1991, pág. 50

27 cfr. M. Benzo, *El autoerotismo*, en *Cuestiones de Etica Sexual*, BAC, 1976

28 cfr. C.D. de la Fe, *Atención pastoral a las personas homosexuales*, 1986. En cuanto a la Iglesia, no se extraña de ninguna debilidad, de ningún pecado en el que podamos incurrir: perdona siempre, si nos arrepentimos, pero tiene la obligación de decirnos lo que está bien y lo que está mal: Jesucristo perdonó a la mujer adúltera, pero le dijo «vete y no peques ya más» (Jun 8,11).

Dediquemos ahora este apartado a comentar más detenidamente algunos rasgos que caracterizan el amor conyugal, completando lo que hemos dicho sobre el amor en el apartado anterior.

Empecemos por recordar una verdad fundamental: *el hombre ha sido creado para amar*: «Dios que ha creado al hombre por amor, lo ha llamado también al amor, vocación fundamental e innata de todo ser humano[29].

Según esto, *la persona humana se perfecciona en la medida en que ama.* Y esa vocación al amor puede realizarla en el matrimonio, o en el celibato por amor a Dios.

Así como el celibato no basta por sí solo para alcanzar la perfección si no se rige en todo momento por el amor a Dios, tampoco el matrimonio por sí mismo es suficiente para alcanzar la perfección: es necesaria la recíproca entrega personal; es decir, el amor conyugal. ¿Qué es, en qué consiste?

El matrimonio, por ser la unión de dos en una sola carne, debe ser una «íntima comunidad de vida y de amor»[30]. El amor debe ser el principio y la fuerza de la unión conyugal: se «deben» amor porque por el matrimonio han venido a ser, el uno para el otro, verdadera parte de sí mismo.

En el Concilio Vaticano II, Constitución *Gaudium et Spes* y en la Encíclica *Humanae vitae* encontramos las características del amor conyugal que, por así decir, lo definen: ha de ser un amor plenamente humano, amor total, amor fiel y exclusivo y amor fecundo[31]. Estas cuatro características son inseparables:

Y tantas veces, el perdón misericordioso y generoso (cfr. Luc 7,47 sobre la mujer pecadora) es el inicio de una profunda conversión.

29 *Catecismo de la Iglesia Católica*, n. 1604

30 *Catecismo de la Iglesia Católica*, n. 1603

31 cfr. Const. *Past. Gaudium et Spes*, n. 49 y Enc. *Humanae vitae*, n. 9

si faltara alguna, tampoco se darían las demás. Sería un «amor a la carta», pero no el verdadero amor conyugal[32]. Nos hemos referido anteriormente a estas características al hablar de la distinción entre atracción sensual, deseo sexual y amor. Las comentamos ahora algo más detenidamente.

Amor plenamente humano quiere decir que no es sólo sensible, ni sólo espiritual, sino ambas cosas integradas y con la debida subordinación, de persona a persona, con una decisión consciente, no un mero sentimiento, ni instinto ciego.

Amor total, definitivo, e incluyendo la totalidad de la persona, en su dimensión física, psicológica y espiritual. La dimensión física, y por tanto la sexualidad, no es separable del «ser» de la persona, no se puede instrumentalizar.

Amor fiel y exclusivo, precisamente por ser total y definitivo. La totalidad exige la fidelidad y ésta la exclusividad. «El amor conyugal es total en la exclusividad y exclusivo en la totalidad».

Amor fecundo, porque por su naturaleza el amor conyugal está orientado a prolongarse en nuevas vidas. La totalidad del amor conyugal lleva consigo no privarlo voluntariamente de su apertura a la fecundidad.

Todos estos rasgos son propios del amor en todo matrimonio válido, pues son dimensiones naturales, pero al amor conyugal del matrimonio sacramento, por ser asumido por el amor divino, se enriquece con otras características, porque es reflejo del amor de Cristo por su Iglesia. Nos detendremos un momento más abajo. Ahora vamos a aprovechar algunas ideas de la encíclica de Benedicto XVI, *Deus caritas est*, sobre el amor humano[33].

---

32 Para el comentario de estas notas, cfr. Augusto Sarmiento y Mario Iceta, *¡Nos casamos! Curso de preparación al matrimonio,* Eunsa, 2005, págs.104-107

33 Benedicto XVI, *Deus caritas est,* 25-XII-2005

«*EROS*» Y «*ÁGAPE*»

Entre las diversas formas de amor —el amor a la patria, a la profesión, a los amigos, a los padres y hermanos...— el arquetipo es el amor entre el hombre y la mujer. Este amor supera todas las otras formas de amar y lleva al hombre a un deseo de felicidad irresistible. En este amor debe intervenir todo nuestro ser, cuerpo y alma inseparablemente. Y está integrado por el *eros* y el ágape —en terminología clásica, de los griegos— que se diferencian y se relacionan.

El *eros* es el amor entre el hombre y la mujer que no nace del pensamiento o de la voluntad, sino que en cierto sentido se impone al ser humano. Ese sentimiento prevalece sobre la razón y tiende a elevar al hombre de la limitación de su existencia.

Podemos decir que equivale a un gustarse, a la «atracción física» que se siente ante una persona. Pero aunque esta dimensión es necesaria, no es ni mucho menos suficiente para que se pueda hablar de amor. Un paso más es el enamoramiento, que es la suma de lo anterior junto a una cierta sintonía de sentimientos o afectos. Pero en esta etapa se busca más el propio bienestar que el de la otra persona, aunque no se haga muy conscientemente. Se acerca más al amor, pero no equivale necesariamente a él.

Pero el *eros*, para lograr la meta de alcanzar una gran felicidad, *necesita disciplina y purificación, no dejarse llevar del instinto, y una cierta renuncia*. Así madura y alcanza su verdadera grandeza. Esto se consigue si se tiene en cuenta la dimensión no sólo corporal sino también espiritual del hombre: cuerpo y alma. Si el hombre fuera sólo espíritu (como los ángeles) perdería su condición humana; pero si menosprecia u olvida el espíritu y considera su cuerpo como una realidad exclusiva, malogra su grandeza y tiene el riesgo de reducir su cuerpo a simple «sexo», a «objeto» que se puede llegar a comprar y vender. *El que ama no es ni el alma ni el cuerpo, sino el hombre, la persona, integrada por su cuerpo y su alma*: sólo cuando actúan unidos el hombre es plenamente él mismo. Reducir nuestro ser persona a lo material no engrandece a nuestro cuerpo, ni expresa la realidad de nuestra existencia y de nuestra libertad[34].

El *eros* purificado y maduro se convierte en ágape, o amor que ha llegado al «descubrimiento» del otro y ha superado el egocentrismo que lo caracterizaba. El *eros* busca antes que nada su propia satisfacción. El ágape se ocupa y se preocupa del ser amado; ya no se busca a sí mismo. Busca el bien del amado y está dispuesto a la renuncia y al sacrificio para hacerle feliz; de ese modo alcanza su propia felicidad y descubre lo mejor de sí mismo. El ágape aspira a lo definitivo: es un amor exclusivo (sólo a esta persona) y para siempre. Engloba la existencia entera. Tiene que ser así, porque el amor tiende a la eternidad.

Eros y ágape se complementan: hemos de amar (que es lo propio del ágape), pero para perseverar en «darse» al otro necesitamos sentirnos amados (lo que busca el *eros*). Podríamos decir que el amor es una única realidad con diversas dimensiones, que si se separan se produce una caricatura o forma mermada del amor. Hasta aquí las ideas tomadas de la Encíclica de Benedicto XVI, *Deus caritas est.*

Como escribe el Papa Francisco, «Dios mismo creó la sexualidad, que es un regalo maravilloso para sus creaturas», pero hemos de cultivarla y orientarla adecuadamente para «evitar sus

---

34 Por la unión inseparable del cuerpo y del alma, somos un «cuerpo espiritualizado» o un «espíritu corporeizado». No se debe caer en un nuevo maniqueísmo, en el que cuerpo y espíritu son realidades contrapuestas, sin mutua influencia. Nos conocemos mirando a Jesucristo, perfecto Dios y perfecto Hombre, que «revela el hombre al hombre», dice el C. Vaticano II. Esta es la respuesta de la Iglesia al racionalismo moderno (cfr. ¡Nos casamos!, o.c, pág. 98)

descontrol» e «impedir que se produzca el 'empobrecimiento de un valor auténtico'»[35].

Orientar correctamente la sexualidad requiere «aprender con perseverancia y coherencia lo que es el significado del cuerpo». Ser conscientes de que la sexualidad «no es un recurso para gratificar o entretener, ya que es un lenguaje interpersonal donde el otro es tomado en serio, con su sagrado e inviolable valor»[36].

El amor conyugal o amor matrimonial consiste en el don de sí mismo a la persona amada, y en su aceptación. La persona deja de pertenecerse a sí misma para pertenecer al otro. Se entrega hasta la «expropiación», se hace don, se hace bien para el otro, y viceversa, de tal forma que se crea un clima de «abandono» en el otro, que es lo propio del amor de los esposos y necesario para el desarrollo del ambiente familiar.

Cuando en la elección de la persona amada se tienen en cuenta no sólo los valores físicos sino también, y sobre todo, los valores intelectuales y morales, se da estabilidad al amor —estabilidad necesaria para formar una familia— porque se trata de un amor más profundo, que conoce y valora más a la persona amada, que tiene una idea más completa de las cualidades humanas y espirituales que vale la pena adquirir, y también más recursos para hacer frente a las dificultades ordinarias que puedan presentarse en la convivencia porque cuenta con la ayuda de la gracia de Dios.

---

35 Papa Francisco, Exhortación Apostólica, *Amoris laetitia*, 19-III- 2016, n. 150

36 Ibidem, n. 151

EL AMOR CONYUGAL EN EL SACRAMENTO DEL MATRIMONIO

Por la celebración del sacramento, el vínculo matrimonial se inserta en la comunión de amor de Cristo y de la Iglesia. Por eso el amor de los esposos debe ser imagen del amor de Cristo redentor. *«Cristo se sirve del amor de los esposos para amar y dar a conocer cómo es el amor con que ama a su Iglesia»*[37]. El amor de Cristo por su Iglesia tiene como finalidad la santificación de la Iglesia; ésa ha de ser, por tanto, la finalidad última del amor de los esposos cristianos.

El amor conyugal mantiene las características naturales que hemos visto, «pero con un significado nuevo que no solo las purifica y consolida, sino que las eleva hasta el punto de hacer de ellas la expresión de valores propiamente cristianos»[38].

Después del pecado original, vivir bien el amor matrimonial resulta difícil. «En todo tiempo, la unión del hombre y la mujer vive amenazada por la discordia, el espíritu de dominio, la infidelidad, los celos y conflictos que pueden conducir hasta el odio y la ruptura»[39], hasta el punto de que «sin la ayuda de Dios el hombre y la mujer no pueden llegar a realizar la unión de sus vidas en orden a la cual Dios los creó 'al comienzo'»[40]. Con el sacramento del matrimonio, «el Señor se ha dignado sanar, perfeccionar y elevar este amor (conyugal) con el don especial de la gracia y de la caridad»[41].

Los esposos cristianos lo conseguirán con los medios necesarios: evitando las ocasiones que puedan poner en peligro su relación; cumpliendo los mandamientos de la ley de Dios;

37 Augusto Sarmiento y Mario Inceta, *¡Nos casamos!*, pág. 108
38 Juan Pablo II, Exh. Apost. *Familiaris consortio*, n. 13
39 *Catecismo de la Iglesia Católica*, n. 1606
40 *Catecismo de la Iglesia Católica*, n. 1608
41 *Gaudium et Spes*, n. 49

viviendo las virtudes que llevan al dominio de sí, rezando y acudiendo a los sacramentos. Así será posible la recomendación de San Pablo: «maridos, amad a vuestras mujeres como Cristo amó a su Iglesia» (Ef 5,2). Y ellas, a sus maridos.

El amor se prueba en la vida de cada día: es auténtico cuando es capaz de compartir alegrías y penas, sin disminuir en intensidad; al contrario, como el hierro en el crisol, las peculiaridades de la vida matrimonial y familiar contribuyen a purificarlo, a hacerlo cada vez más firme, más fiel, más capaz de superar las contrariedades personales, familiares, del ambiente, etc. Particularmente para los esposos cristianos, el amor debe hacerles mejores y acercarles más a Dios. Los esposos deben procurar quererse siempre como Dios quiere que se quieran, que indudablemente es el mejor modo de quererse.

Como hemos dicho ya, el amor conyugal de los esposos cristianos, por tener como modelo el amor de Cristo por su Iglesia, debe ser *un amor fiel hasta la muerte; inmaculado, sin mancha, un amor que evita todo lo que pueda ser ofensa a Dios; santo,* y por tanto un amor que no sólo se aleja de lo malo o negativo, sino que busca positivamente crecer en las virtudes, y así el amor humano es medio y camino para crecer también en el amor a Dios.

Los esposos tienen el deber moral, ante Dios, ante los demás y ante sí mismos, de amarse siempre. Por eso no deben permitir que ese amor se enfríe, y todo lo que pueda empañarlo deben hacer lo posible para corregirlo cuanto antes. No pueden justificar ningún sentimiento contrario a ese gran amor conyugal; no pueden tampoco «tranquilizar» su conciencia diciendo «no es culpa mía», «ella (o él) es así...»: los dos deben poner siempre de su parte todo lo que sea preciso para reavivar el amor, pero si en algún momento a uno de los dos le cuesta más, el otro debe «compensar» siendo heroico si es preciso para remontar la situación.

El amor crece día a día..., o decrece también a diario. Los problemas de entidad no surgen de un día para otro. No se deben dejar «para mañana» las soluciones de los pequeños problemas ordinarios, aunque sí hay que ser prudentes y encontrar los momentos y las circunstancias más adecuadas para abordarlos.

El amor conyugal es imprescindible para que la convivencia sea gozosa. Pero si «desapareciera» el amor —y no desaparece si no se descuida— hay que tener claro que no por eso desaparece el vínculo matrimonial y los esposos tienen la obligación de «alimentar» de nuevo el amor, corrigiendo las causas que hayan podido influir negativamente.

Podríamos terminar este apartado con *algunos consejos prácticos para cuidar y acrecentar el amor,* diariamente: perseverar con ilusión en el cumplimiento del propio deber; enfocar con sosiego, y con una sonrisa, los problemas del día a día; intentar compartir las alegrías y sinsabores con paz; procurar escuchar, comprender, disculpar, perdonar; si hay discusión, procurar que «venza» tu cónyuge; pasar por alto menudos roces sin agrandarlos ni darles importancia; no echar en cara errores del pasado; si se discute, hacer «las paces» antes de irse a dormir; ser capaces de prestar pequeños servicios sin esperar nada a cambio; tener frecuentes detalles de cariño con tu cónyuge; esforzarse por vivir de acuerdo con la fe …

EL HIMNO A LA CARIDAD (1 COR 13,4-8). COMENTARIOS DEL PAPA

Otro modo de expresar este amor es recordar *las características de la caridad* según San Pablo, que ha de tener también el amor conyugal: «la caridad es paciente, amable, no es envidiosa, no busca lo suyo, no se irrita, no toma en cuenta el mal, no se alegra por la injusticia, se complace en la verdad; todo lo aguanta, todo lo cree, todo lo espera, todo lo soporta. La caridad nunca se acaba» (1 Cor 13, 4-8).

Este himno de la caridad, así llamado, es amplia y agudamente comentado por el Papa Francisco en su Exhortación

Apostólica *Amoris Laetitia*[42]. Aquí nos limitaremos a recoger solo algunos de esos comentarios sobre los rasgos. Aunque los recogemos en este epígrafe del amor de los esposos, es igualmente aplicable a la relación entre todos los miembros de la familia, y de las personas en general.

La paciencia no es solo soportar todo, no dejarse llevar por los impulsos. Es también «ejercicio de la misericordia», en el que se manifiesta su verdadero poder. Es necesaria para saber convivir y para el buen ambiente familiar. Admitir al otro «así como es también cuando actúa de un modo diferente a lo que yo desearía».

Pero la paciencia no es una postura totalmente pasiva, sino que debe ir acompañada de «una reacción dinámica y creativa ante los demás». Por eso la paciencia es «servicial», desea servir, «mostrar su bondad en sus obras». Por tanto el amor «no es solo un sentimiento», sino que tiene que «amar, hacer el bien».

Por eso hay que rechazar los celos, la envidia. «En el amor no hay lugar para sentir malestar por el bien del otro. «El verdadero amor valora los logros ajenos» y no se deja llevar «del sabor amargo de la envidia».

También el amor debe evitar la vanagloria, «mostrarse como superior para impresionar a otros con una actitud pedante y algo agresiva». El amor no es arrogante. «Lo que nos hace grande es el amor que comprende, cuida, protege al débil».

Este modo de ser es importante vivirlo «en el modo de tratar a los familiares poco formados en la fe». Es necesaria la humildad como parte del amor. «Para poder comprender, disculpar, servir a los demás de corazón es indispensable sanar el orgullo y cultivar la humildad». El Señor nos recuerda que el que quiera ser el primero entre vosotros, «que sea vuestro servidor» (Mt 20,27).

---

42 Francisco, Exh. Apost. *Amoris laetitia*, sobre el amor en la familia, 19-III-2016, cap. IV

«Amar también es volverse amable», no obrar con dureza, no ser descortés. La cortesía requiere cultivar la mente y los sentidos, aprender a sentir, hablar, y en ciertos momentos a callar. Por eso hay que evitar destacar los defectos y errores ajenos, generar vínculos, cultivar lazos. «El que ama es capaz de decir palabras de aliento, que reconfortan, que fortalecen, que consuelan, que estimulan». El Señor así lo hacía, como vemos en varios textos: ¡Ánimo, hijo» (Mt 9,2), ¡Qué grande es tu fe» (Mt 15,28), «No tengáis miedo» (Mt 14,27), etc.

Para amar hay que evitar encerrarse en uno mismo y buscar el interés de los demás, incluso por delante de los propios intereses. «¿Es posible este desprendimiento que permite dar gratis y dar hasta el fin?». Sí, porque nos lo pide el Señor: «lo que habéis recibido gratis, dadlo gratis» (Mt 10,8).

También hemos de evitar reacciones interiores de indignación, que «nos colocan a la defensiva ante los otros, como si fueran enemigos molestos»; «no te dejes vencer por el mal» (Rm 12,21). «no nos cansemos de hacer el bien» (Ga 6,9); «que la puesta del sol no os sorprenda en vuestro enojo» (Ef 4,26). Por eso, «nunca hay que terminar el día sin hacer las paces en la familia». El perdón se debe fundamentar en «una actitud positiva, que intenta comprender la debilidad ajena y trata de buscarle excusas a la otra persona». Nos lo enseña el Señor desde la Cruz pidiendo perdón a su Padre por los que le crucifican, «porque no saben lo que hacen» (Lc 23,34). Para esto es necesario «aceptarse a sí mismo, saber convivir con las propias limitaciones e incluso perdonarse, para poder tener esa misma actitud con los demás». Y además, tener «la experiencia de ser perdonados por Dios».

Además, hemos de saber alegrarnos «con el bien del otro, cuando se reconoce su dignidad, cuando se valoran sus capacidades y sus buenas obras». Por eso en la familia, cuando alguien logra algo bueno, «sabe que allí lo van a celebrar con él».

Este elenco de cualidades del amor se completa con cuatro expresiones de totalidad: el amor «lo disculpa todo, cree todo, espera todo, soporta todo». Por eso «el amor debe ser capaz de hacer frente a cualquier cosa que pueda amenazarlo».

La confianza hace posible «una relación de libertad», no es necesario controlar al otro minuciosamente. La esperanza lleva a saber que «el otro puede cambiar», puede mejorar, porque esa persona, «con todas sus debilidades, está llamada a la plenitud del cielo». A la vez, el amor «sobrelleva con espíritu positivo todas las contrariedades».

C. La unión conyugal

LA UNIÓN SEXUAL COMO FRUTO DEL AMOR

La unión sexual sólo debe ser consecuencia del amor, y más concretamente del amor conyugal, porque la unión sexual supone la entrega del propio cuerpo, con toda su intimidad, a una persona del otro sexo. Esta entrega puede falsearse, manipularse, adulterarse o prostituirse si no se verifica de acuerdo con las exigencias naturales que le son propias.

El cuerpo, como hemos dicho, es la expresión de toda la persona, por lo que la unión de los cuerpos requiere *la unión de todo el ser, es decir, una unión no sólo física, sino afectiva e incluso espiritual:* «La sexualidad, mediante la cual el hombre y la mujer se dan el uno al otro con los actos propios y exclusivos de los esposos, no es algo puramente biológico, sino que afecta al núcleo íntimo de la persona humana en cuanto tal. Ella se realiza de modo verdaderamente humano solamente cuando es parte integral del amor con el que el hombre y la mujer se comprometen totalmente entre sí hasta la muerte. La donación física total sería una mentira si no fuese el signo y el fruto de la donación personal total»[43].

Según lo que acabamos de decir, *la sexualidad la integran tres planos*: un plano *biológico*, ordenado a la procreación, que da lugar a una persona humana, que por ser creada por Dios supone una participación de los padres en Su poder creador. Un plano o *dimensión psíquica*, que lleva a la complementariedad antropológica, afectiva, etc. Y una *dimensión espiritual*, por la que se descubre en «el otro» a «la persona» en toda su dignidad. Esta última dimensión integra a las otras dos y permite descubrir la llamada al amor y al don de sí al otro[44].

Por tanto, a la unión sexual sólo se debe llegar por una entrega amorosa entendida en su más noble sentido: la entrega de una persona a otra que busca para ella lo mejor, y le da lo mejor de sí mismo; es por tanto una unión que va mucho más allá de la mera satisfacción de un placer, aunque sea lícito.

Hay cosas que queremos porque son útiles, otras porque son placenteras y otras porque son buenas en sí mismas, independientemente de que puedan ser también útiles o placenteras. Pues bien, el verdadero valor de la sexualidad es el de las cosas buenas en sí mismas, porque por la sexualidad el hombre y la mujer participan, como hemos dicho, del poder creador de Dios y se entregan el uno al otro en una unión amorosa de cuerpo y espíritu. Por tanto *el uso correcto de la sexualidad no se puede regir por una norma utilitarista, ni por una norma hedonista, sino por una norma ética que lleva a amar a la persona del otro en sí y por sí, sin hacer de ella ni tratarla como mero objeto de placer para mí*[45].

---

43 Juan Pablo II, Exh.Apost. *Familiaris consortio*, n. 11; *Catecismo de la Iglesia Católica*, n. 2361

44 cfr. Carlo Caffarra, *La sexualidad humana*, Ed. Encuentro, 1987, págs. 20-30

45 cfr. *Ibidem*, págs. 31-40

Karol Wojtyla escribe en 1960 que como el mandamiento del amor es el más importante del cristianismo, no puede descansar sobre el utilitarismo. Por tanto —decíamos antes— la persona es un bien que no puede ser «utilizado» o tratado como objeto o medio de placer. El contenido positivo es que sólo el amor puede dictar la actitud apropiada y válida con respecto al modo de tratar a la persona. Somos justos con respecto a una persona cuando la amamos: esto vale para Dios y para el hombre[46]. No se debe caer en «manipular» el cuerpo del otro, «como una cosa que se retiene mientras brinda satisfacción y se desprecia cuando pierde atractivo»[47], escribe con fuerza el Papa Francisco.

De lo que acabamos de decir se deduce otra consideración muy importante: *la plenitud afectiva del amor requiere la plenitud moral,* porque ésta es la que hace posible el reconocimiento del valor de la persona amada. El amor verdadero no se ha de dirigir sólo al cuerpo, sino a la persona, en todo su ser; y si no, no es amor. De ahí que el crecimiento en el amor requiera el reconocimiento del valor moral de la persona.

Por tanto no es correcto distinguir dos mundos distintos en el hombre, como afirma el *dualismo antropológico*: el del cuerpo y el del espíritu. El cuerpo se regiría sólo por la biología y la psicología, sin trascendencia ética. Y el espíritu sin condicionante alguno, con una libertad sin límites, orientada sólo por intereses y deseos subjetivos. Pero si la sexualidad no se rige por el verdadero amor y no se integra en el bien moral de la persona, la experiencias sexuales se empobrecen y quedan reducidas a mero placer: se banaliza la sexualidad y se banaliza la persona. El hombre se encuentra sin norte, como roto en su interior. Entre otras consecuencias, eso lleva al individualismo, a la soledad, a la incapacidad de construir una auténtica

---

46 K. Wojtyla, *Amor y responsabilidad*, Ed. Razón y Fe, 8º ed. 1978, pág. 37-38
47 *Amoris laetitia*, n. 153

comunión de personas, a una falsa autonomía que conduce a un vacío profundo, sin valores ni virtudes[48].

LA UNIÓN SEXUAL EN EL MATRIMONIO. LAS RELACIONES PREMATRIMONIALES

No basta que la unión sexual sea expresión de un amor real y no de un mero placer: hace falta algo más. Es necesario que exista ya una unión estable y formal entre el hombre y la mujer: el matrimonio —que está incluso por delante del amor y deberes para con los propios padres—, por dos motivos: porque «*la entrega de la persona exige, por su naturaleza, que sea duradera e irrevocable.* La indisolubilidad del matrimonio deriva primariamente de la esencia de esa entrega: entrega de la persona a la persona. En este entregarse recíproco se manifiesta el carácter esponsal del amor»[49]. Por tanto la entrega del cuerpo requiere que sea para siempre, no debe darse temporal u ocasionalmente; si se da todo no es para retirarlo después: en ese caso no podría hablarse de entrega, sino de prueba o de diversión, y no es lícito entregar el cuerpo para estos fines. Y en segundo lugar, porque han de estar en condiciones de poder responsabilizarse mutuamente, en un ambiente familiar, de la vida del hijo que puede nacer de esa unión.

«Muchos reivindican hoy el derecho a la unión sexual antes del matrimonio, al menos, cuando una resolución firme de contraerlo y un afecto que, en cierto modo, es conyugal, en la psicología de los novios piden este complemento, que ellos juzgan connatural; sobre todo cuando la celebración del matrimonio se ve impedida por las circunstancias, o cuando esta relación íntima parece necesaria para la conservación del amor». Pero

48 cfr. C.E. Española, Instruc. Pastoral *La familia... o.c*, nn. 24-27 y 54
49 Juan Pablo II, *Carta a las Familias*, 2-II-1994, n. 11

este supuesto derecho no es tal, «porque, por firme que sea el propósito de quienes se comprometen en estas relaciones prematuras es indudable que tales relaciones no garantizan que la sinceridad y la fidelidad de la relación interpersonal entre un hombre y una mujer queden aseguradas, y sobre todo protegidas, contra los vaivenes y las veleidades de las pasiones».

«Como enseña la experiencia, para que la unión sexual responda verdaderamente a las exigencias de su propia finalidad y de la dignidad humana, el amor tiene que tener su salvaguardia en la estabilidad del matrimonio. Estas exigencias reclaman un *contrato conyugal sancionado y garantizado por la sociedad;* contrato que instaura un estado de vida de capital importancia, tanto para la unión exclusiva del hombre y de la mujer como para el bien de la familia y de la comunidad humana., A la verdad, las relaciones sexuales prematrimoniales excluyen las más de las veces la prole; y lo que se presenta como un amor conyugal no podrá desplegarse, como debería indefectiblemente, en un amor paternal y maternal; o, si eventualmente se despliega, lo hará con detrimento de los hijos, que se verán privados de la convivencia estable en la que puedan desarrollarse como conviene, y encontrar el camino y los medios necesarios para integrarse en la sociedad»[50]. En estas relaciones, aunque haya amor, no deja de haber ligereza o frivolidad porque se excluyen bienes importantes de la sexualidad humana (la procreación) y esos actos pueden acabar llevando a la autodecepción y mutua explotación. Ese amor, si se da, no es el amor genuino del matrimonio en el que los cónyuges se comprometen por entero y sin reserva alguna, con el compromiso incondicional de ser dos en una sola carne[51].

De otra parte, *un amor que excluye la prole y no es capaz de entregarse para siempre no es verdadero amor, ni puede haber*

50 C. Doctrina de la Fe, *Persona humana*, n. 7

51 cfr. Lawler, Boyle, May, Etica sexual, Eunsa, 1992, págs. 322-34

una auténtica participación en la «realización» o perfección personal del otro. Y además a ese amor le falta una cualidad muy importante: no es festivo, no se considera festejable por los demás, como lo es el amor verdadero que lleva al matrimonio, ni participable por la familia y la sociedad: no es algo que transmita alegría a otros; el amor comprometido, que lleva a la entrega en el matrimonio, sí engendra alegría —la alegría de saberse amado y amar, para siempre—, de la que participan los familiares y amigos[52].

A la unión estable que nace del matrimonio se opone el llamado *amor libre*, «tanto o más peligroso porque es presentado frecuentemente como fruto de un sentimiento 'verdadero', mientras de hecho destruye el amor (...). Seguir el 'verdadero' impulso afectivo, en nombre de un amor 'libre' de condicionamientos, en realidad significa hacer al hombre esclavo de aquellos instintos humanos, que Santo Tomás llama 'pasiones del alma' (S. Th, I-II, q. 22). El 'amor libre' explota las debilidades humanas dándoles un cierto 'marco' de nobleza con la ayuda de la seducción y con el apoyo de la opinión pública. Se trata así de 'tranquilizar' la conciencia, creando una 'coartada moral'. Sin embargo, no se toman en consideración todas sus consecuencias, especialmente cuando las sufren, además del cónyuge, los hijos, privados del padre o de la madre y condenados a ser de hecho huérfanos de padres vivos»[53].

Hace ya bastantes años, escribían los obispos chilenos: «Sólo puede entregarse el cuerpo cuando con él se entrega la vida entera en el compromiso indisoluble, social, sacramental del matrimonio. Sólo entonces, dentro de esta comunidad definitiva de amor en la sociedad y en la Iglesia, es santa la entrega de los cuerpos: antes, no puede ser sino una ambigua anticipación, abierta a los engaños, las amarguras y frustraciones que

52 cfr. Joan Carreras, *Las bodas: sexo, fiesta y derecho*, o.c., págs. 160-162
53 Juan Pablo II, *Carta a las Familias*, 2-II-1994, n. 14

la experiencia muestra donde quiera que se ha resquebrajado el orden verdadero del amor cristiano»[54].

EL DOBLE ASPECTO UNITIVO Y PROCREATIVO DEL ACTO SEXUAL: EL «LENGUAJE DEL CUERPO»

La disponibilidad del cuerpo para la realización de la unión sexual ha de ser tal que de dicha unión pueda derivarse su fin natural propio que es la procreación. *La anatomía y la fisiología humanas -masculina y femenina- muestran claramente cómo el hombre y la mujer han sido creados para la unión y para que de ésta se siga, de modo natural la fecundación* (aunque no necesariamente toda unión vaya seguida de fecundación, por los ciclos femeninos, etc)[55].

Si a la unión conyugal se le privara voluntariamente de su fin natural, es decir de la procreación —impidiendo la realización completa del acto, o poniendo otros impedimentos que anulen ese fin natural—, se manipularía la unión, se alteraría su fin propio, se la desearía con otro fin que no es

---

54 C. Episcopal de Chile, *Matrimonio y divorcio*, 6-XI-1971

55 Así lo demuestra el movimiento de que están dotados los espermatozoides para dirigirse hacia el lugar en el que puede encontrar al óvulo, con capacidad para atravesar la barrera de moco cervical y penetrar en la célula germinal femenina; para facilitar ese encuentro la naturaleza ha previsto un elevado número de espermatozoides en cada eyaculación. Igualmente la naturaleza ha dispuesto que, mediante las secreciones hormonales del ovario y de la hipófisis, relacionadas entre sí, la matriz se encuentre en condiciones de «anidar» al óvulo si llega a fecundarse. Y, en este caso, también la naturaleza ha previsto cómo impedir que pueda haber sucesivos embarazos mientras no llegue a término el anterior (impidiendo la maduración y ovulación de nuevos óvulos por otro mecanismo hormonal), porque entonces se pondría en peligro el embrión y la vida de la madre. De otra parte, es sabido que en los días fértiles es cuando más desea la mujer la unión con el varón, por el aumento de la secreción hormonal de estrógenos (los animales superiores, que se mueven sólo por el instinto, sólo realizan la cópula en esos días).

el natural, parecería incompatible con la manifestación del afecto conyugal, y no lo es. No es lícito hacerlo aunque estén de acuerdo el hombre y la mujer. *Amor y fecundidad son valores de la sexualidad que se incluyen y reclaman mutuamente, y no pueden ser considerados ni alternativos ni opuestos*[56].

Insistamos en estas ideas: *nada de lo que constituye el ser personal debe ser excluido en la donación total del cuerpo*, porque es falsificar la verdad interior del amor conyugal, llamada a ser un don de la persona entera[57]. El hombre se convertiría de administrador en dueño y árbitro de las fuentes de la vida humana[58].

«La contracepción introduce en el interior de la verdad de las relaciones sexuales mutuas, personales y totalizadoras un elemento falsificador; esto es, las limita sustancialmente al negar al cónyuge la plenitud de las energías enriquecedoras de la propia sexualidad. O dicho de otro modo: 'en el lenguaje que expresa naturalmente la donación recíproca y total de los esposos, la contracepción opone un lenguaje objetivamente contradictorio, según el cual ya no se trata de darse totalmente el uno al otro; de ello se deriva no sólo el rechazo positivo de la apertura a la vida, sino también una falsificación de la verdad interior del amor conyugal, llamada a ser un don de la persona entera' (FC 32)»[59].

Abundemos en el así llamado *lenguaje del cuerpo* por Juan Pablo II. «El cuerpo no es sólo el campo de reacciones de carácter sexual, sino que es, al mismo tiempo, el medio de expresión del hombre integral, de la persona, que se revela a sí misma a través del «lenguaje del cuerpo». Este lenguaje tiene un importante significado interpersonal, especialmente cuando se trata de las relaciones recíprocas entre el hombre y la mujer»[60], y a tra-

---

56 cfr. *Pautas de Educación Sexual*, I

57 cfr. Juan Pablo II, *Familiaris consortio*,n. 32

58 cfr. Pablo VI, *Humanae vitae*,n. 13

59 C.E. Doctrina de la Fe, *Reflexiones sobre la Humane Vitae*, n. 37

60 Juan Pablo II, Aloc. 22-VIII-1984. cfr. Juan Pablo II, *Hombre y mujer los creó*, Ed. Cristiandad, Madrid, 2000, pág. 640-643.

vés de ese «lenguaje», en las relaciones conyugales —con todo su dinamismo— «habla» el hombre, la persona. Por tanto el «lenguaje del cuerpo» es algo más que la sola actividad sexual; es —decimos— auténtico lenguaje de las personas y, por tanto, ha de estar sometido a «las exigencias de la verdad, es decir a normas morales objetivas: el hombre y la mujer, por su masculinidad y su feminidad, «se expresan a sí mismos en la medida de toda la verdad de su persona»[61].

La verdad de la persona consiste en ser dueño de sí, en dominarse a sí mismo, y en cuanto que es dueño de sí mismo puede donarse al otro en toda la riqueza de su ser personal, lo que implica que el acto conyugal no sólo significa el amor, sino también la fecundidad potencial, que no debe ser excluida artificialmente: privar al acto conyugal de su capacidad procreadora, es privarle de su verdad interior, y por tanto dejaría de ser también un acto de amor. Habría una unión corpórea, pero no una unión personal; no se podría hablar ni de la verdad, ni del dominio de sí, ni de la verdad del don recíproco y de la recíproca aceptación de sí por parte de la persona.[62]

Por tanto, «todo acto matrimonial debe quedar abierto a la transmisión de la vida»[63], porque el hombre no puede romper por su propia iniciativa la inseparable conexión que Dios ha querido entre los dos significados del acto conyugal: el unitivo y el procreador, para que dicho acto conserve 'integro «el sentido de amor mutuo y verdadero y su ordenación a la altísima vocación del hombre a la paternidad»[64].

Este es el fundamento adecuado de la inseparable conexión entre los dos significados del acto conyugal, que podríamos resumir de esta manera: el fundamento es la «íntima

61 *Ibidem*, n. 4, pág. 641
62 cfr. *Ibidem*, n. 6; pág. 643
63 *Humanae vitae*,n. 11
64 *Ibidem*, n. 12

estructura» del acto, pues «mientras une profundamente a los esposos, los hace aptos para la generación de nuevas vidas, según las leyes inscritas en el ser mismo del hombre y de la mujer»[65]. Es decir, que *la unión y la procreación son como las dos caras de una misma moneda*; la unión es para la procreación, desemboca naturalmente en ella; y la procreación no puede darse —no debe— sin la unión. Ambas se realizan juntamente, y, en cierto sentido, la una a través de la otra[66]. El acto conyugal no estaría completo si se le privara voluntariamente de uno de sus dos significados[67]. Evidentemente la unión conyugal es también, como decimos, para manifestar el amor mutuo de los cónyuges. Ese amor no está obligado a «buscar» siempre la fecundación —por eso es legítimo el acto conyugal en días infecundos—, pero para que sea auténtico —repetimos— no se le puede privar voluntariamente del fin procreativo. Volveremos sobre este punto más adelante.

Otra razón de la inseparabilidad unión-procreación es que, como ya vimos, *los padres co-participan con Dios en el origen de un nuevo ser, que es corpóreo y a la vez espiritual.* Los padres se convertirían en árbitros de la nueva vida si se atribuyeran «un poder que sólo pertenece a Dios: el poder de decidir en última

---

65 *Ibidem*; cfr. Juan Pablo II, Aloc. 11-VI-1984, n.4 ; «Hombre y mujer los creó», pág. 627

66 cfr. Juan Pablo II, Aloc. 22-VIII-1984, n. 6

67 Es fácil de entender que la unión sexual entre dos personas del mismo sexo es antinatural porque va contra la diferenciación sexual que es el fundamento de la unión. También se entiende sin dificultad que la sodomía es igualmente antinatural. De modo semejante puede comprenderse que lo normal, es que la unión sexual una vez empezada llegue a su fin natural, es decir, que no se interrumpa voluntariamente para evitar la fecundación: esa interrupción sería también «antinatural» (aunque en un sentido distinto a los dos casos anteriores). ¿Y no es igualmente comprensible que sería «antinatural» alterar voluntariamente la unión de algún otro modo artificial —con «píldoras» que prevengan la fecundación, con algún preservativo que la impida, o con algún dispositivo intrauterino que no permita su desarrollo—, con un fin anticonceptivo?

instancia la venida a la existencia de una persona humana. Se atribuyen la condición de ser, no los cooperadores del poder creador de Dios, sino los depositarios últimos de las surgientes de la vida humana», lo que por ninguna razón está justificado. «Pensar o decir lo contrario, equivale a considerar que en la vida humana se pueden dar situaciones en las cuales sea lícito no reconocer a Dios como Dios»[68].

La unión de los dos significados del acto conyugal pertenece a la ley moral natural[69] —además de al orden moral revelado o sobrenatural[70]—, por lo que «los hombres, en particular los de nuestro tiempo, se encuentran en situación de comprender el carácter profundamente razonable y humano de este principio fundamental»[71].

La anticoncepción no sería ilícita si la procreación fuera un hecho puramente biológico, sin una dimensión moral. Pero no es ese el caso, porque el ser humano no es un simple amasijo de células, de modo análogo a como la Piedad de Miguel Ángel no es un simple trozo de mármol, ni la novena sinfonía de Bethoven un simple ruido producido por unos instrumentos musicales. El nuevo ser concebido es una persona humana, irrepetible, con un alma creada directamente por Dios; por ello la contracepción es gravemente ilícita, porque priva a la procreación de su fin natural, tan elevado. «La contracepción es la negación práctica de la primera verdad no sólo del cristianismo, sino de la religión como tal: la verdad de Dios creador»[72].

Las dificultades para entender la necesaria unidad entre el aspecto unitivo y el procreativo del acto sexual suelen provenir de considerar al hombre como dueño absoluto de su cuerpo, o

68 Juan Pablo II, Discurso, 17-IX-1983
69 cfr. *Humanae vitae*, n. 11
70 cfr. Juan Pablo II, Aloc.18-VII-1984
71 *Humanae vitae*, 12
72 C. Caffarra, *La sexualidad humana*, págs. 51-58 y 59

de una visión puramente biológica de la sexualidad, sin ninguna trascendencia ética; o de la consideración de que el amor legitima la unión sexual en cualquier circunstancia (al menos en el matrimonio), lo que supone no distinguir la distinta naturaleza de la continencia periódica y de la contracepción.

Algunos dicen, si el estómago está hecho para comer, ¿por qué no considerar que el sexo es para el orgasmo? Porque —podría responderse— así como el estómago no come cualquier cosa, ni en cualquier medida si no quiere dañar la salud, así el sexo no debe utilizarse indiscriminadamente, si no quiere perjudicar a la persona. Así como la alimentación del hombre no es indiferente, sino que ha de seguir unas normas para que resulte útil, de igual modo el ejercicio de la sexualidad también ha de ser racional y en orden a un fin, al fin propio de la persona humana, que no es un ser irracional como los animales[73].

La unión sexual que no respeta su doble significado es una unión ilícita siempre en sí misma, aunque se haga con un buen fin. Pero como es sabido el fin no justifica los medios. El fin y las circunstancias pueden ser atenuantes de la culpabilidad de la persona que lo comete, pero nunca pueden hacer bueno lo que es intrínsecamente malo: los actos intrínsecamente «desordenados» son aquellos cuya estructura íntima contradice la específica dignidad de la persona, y por esta razón no pueden ser convertidos en «ordenados» por ninguna intención ni por ninguna circunstancia, que no pueden cambiar su estructura[74].

Pero lo intrínsecamente ilícito no siempre es moralmente culpable, pues dependerá de la advertencia, libertad, conocimiento, etc. del sujeto que lo comete, pero —repetimos— las circunstancias atenuantes no pueden cambiar la bondad o maldad del acto en sí. Ni siquiera el conjunto correcto de una

---

73 cfr. A. Leonard, *La moral sexual explicada a los jóvenes*, libros mc, 1994

74 cfr. C.E. Doctrina de la Fe, *Reflexiones sobre la Humae Vitae*, 21-XI-1992, n. 3

vida sexual justifica un acto ilícito aislado[75], de igual modo que no robar o no matar no justifica poder hacerlo alguna vez.

Por tanto, puede haber razones objetivas por las que deba evitarse un nuevo hijo —enfermedad grave de la madre que el embarazo agravaría, previsible enfermedad congénita del embrión, fuertes motivos económicos, etc.—, pero *nunca será lícito acudir a la contracepción.* «En verdad si es lícito, a veces, tolerar un mal menor a fin de evitar un mal mayor o de promover un bien más grande, no es lícito, ni siquiera por razones gravísimas, hacer el mal a fin de que de allí venga el bien, es decir, hacer objeto de un acto positivo de voluntad lo que es intrínsecamente desorden desde el punto de vista moral y, por tanto, indigno de la persona humana, aun cuando sea con la intención de salvaguardar o de promover bienes individuales, familiares y sociales»[76].

Conviene advertir aquí que *no es cierto que pueda existir un conflicto objetivo de deberes*, de tal modo que no haya más remedio que, sea cual sea la decisión que se tome, hacer algo contrario a la moral. Y así, en el caso que nos ocupa, ante ese supuesto conflicto, no habría más remedio que la contracepción para evitar otros males mayores inevitables. Este supuesto no es cierto: *no es cierto que se dé una situación tal en la que el hombre, actúe como actúe, no tiene más salida que pecar.* Si esta situación se diera, habría que atribuir a Dios la culpa de ese conflicto, lo que es contradictorio. Dios no puede querer que el hombre peque. *El pecado, para serlo, ha de proceder siempre de un acto libre del hombre, y si es libre es evitable.* Enseña el Concilio que «no puede haber contradicción entre las leyes divinas de la transmisión obligatoria de la vida y el fomento

75 cfr. Juan Pablo II, Enc. *Veritatis splendor*, C.E. Doctrina de la Fe, *Reflexiones sobre la Humane Vitae*, 21-XI-1992, nn. 54-56

76 *Humanae Vitae»*, n. 14

genuino del amor conyugal»[77], porque ambas vienen de Dios, y Dios no puede contradecirse.

Sí puede haber conflictos subjetivos, pero no objetivos. Por ejemplo, un cónyuge puede pensar que no tiene otra salida que la contracepción, pues no quiere o no puede tener hijos, pero necesita el acto conyugal porque si se abstiene caerá en la infidelidad conyugal. Este es un conflicto subjetivo, que puede ser un peligro real, pero que no justifica la contracepción, y que es evitable con un mayor autodominio y sentido de la fidelidad, que es posible adquirir. *Con las personas se ha de tener una gran comprensión, pero con la doctrina una gran firmeza, porque minimizar la verdad es hacer un gran daño a la conciencia.*

El orden moral sobre la regulación de la natalidad puede aparecer a los ojos de muchos «difícil e incluso, imposible en la práctica. Y en verdad que, como todas las grandes y beneficiosas realidades, exige un serio empeño y muchos esfuerzos de orden familiar, individual y social. Más aún, no sería posible actuarla sin la ayuda de Dios, que sostiene y fortalece la buena voluntad de los hombres. Pero a todo aquel que reflexione seriamente, no puede menos de aparecer que tales esfuerzos ennoblecen al hombre y benefician la comunidad humana»[78].

D. Procreación y anticoncepción

«El amor siempre da vida. Por eso, el amor conyugal 'no se agota dentro de la pareja (...). Los cónyuges, a la vez que se dan entre sí, dan más allá de sí mismos la realidad del hijo, reflejo viviente de su amor, signo permanente de la unión conyugal y síntesis viva e inseparable del padre y de la madre'»[79].

77 *Gaudium et Spes*, n. 51

78 *Humanae vitae*, n. 20

79 Papa Francisco, Exhortación Apostólica *Amoris laetitia*, n. 165

Los criterios mencionados sobre la concepción se han de tener presentes en el ejercicio responsable de la paternidad: los padres deben ejercitar su paternidad con responsabilidad, y deben decidir si hay razones suficientes para, respetando la naturaleza del acto conyugal, dilatar el aumento de hijos o no tener más, absteniéndose del acto conyugal o acudiendo a periodos infecundos. ¿Cuáles son, concretamente, los criterios que han de regir el ejercicio de la paternidad responsable?:

a) conocer y respetar las leyes biológicas de la sexualidad;
b) dominar el instinto y las pasiones;
c) ponderar objetivamente las condiciones físicas, económicas, psicológicas y sociales del matrimonio;
d) tener una conciencia recta y bien formada: es decir, «reconocer plenamente los propios deberes para con Dios, para consigo mismo, para con la familia y la sociedad, en una justa jerarquía de valores»[80]. Por tanto los esposos «no quedan libres para proceder arbitrariamente, como si ellos pudieran determinar de manera completamente autónoma los caminos lícitos a seguir, sino que deben conformar su conducta a la intención creadora de Dios, manifestada en la misma naturaleza del matrimonio y de sus actos»[81].

Actuando así, la paternidad responsable se ejercita tanto con la «deliberación ponderada y generosa de tener una familia numerosa», como «con la decisión tomada por graves motivos y en el respeto a la ley moral de evitar un nuevo nacimiento durante algún tiempo o por tiempo indefinido»[82]. Para no tener

80 *Humanae vitae*,n. 10
81 *Ibidem*
82 *Ibidem*

más hijos se necesitarán motivos más serios que para retrasarlos simplemente.

Obviamente la Iglesia no dice cuántos hijos debe tener un matrimonio, entre otras cosas porque cada matrimonio puede tener circunstancias distintas, y son ellos los que, bien formados, deben decidir. Lo que la Iglesia aconseja es que los esposos se quieran mucho, que vivan siempre bien sus relaciones conyugales —con los criterios señalados más arriba—, que valoren de verdad la importancia de los hijos y sopesen, en conciencia, si pueden tener más o no. Sin duda, en ese sopesar influye mucho la formación moral, el sentido cristiano de la vida y la confianza en la providencia de Dios. Podríamos decir que *lo que está en juego no es el tener un hijo o no tenerlo, sino el sentido del matrimonio y de las relaciones conyugales, el sentido de la familia y el sentido de la vida en su conjunto: toda una concepción global de la existencia.* Y hoy, por la presión materialista y relativista de muchos ambientes, si no se opta decididamente por Dios, se corre el peligro de caer en lo opuesto.

MODOS NO NATURALES DE PROCREAR: FECUNDACIÓN «IN VITRO» Y OTROS

Comentemos brevemente otra actitud que no sería lícita, *la fecundación artificial*: buscar la procreación por métodos artificiales, no naturales, al margen de la unión (FIVET: fecundación in vitro y transferencia del embrión). El hombre, por su dignidad, ha de ser engendrado, no «fabricado» en una fecundación artificial (heteróloga u homóloga). Los padres tienen derecho a poner los actos que son aptos de suyo para engendrar, pero en rigor no se puede hablar de derecho a tener hijos, porque la vida la da Dios, es un don, aunque con el concurso de los padres. Por tanto *el hijo no es un derecho sino un don*, el don más excelente del matrimonio. «El hijo no puede ser considerado como un objeto de propiedad, a lo que conduciría el reconocimiento de un pretendido «derecho al hijo». Por el contrario, el hijo sí tiene el derecho de «ser el fruto del acto específico del amor conyugal de sus padres, y tiene también el derecho de ser respetado como persona desde el momento de su concepción» (*Donum vitae*, 2,8)»[83].

La inseminación y fecundación artificiales heterólogas (con esperma de un hombre que no es el marido de la madre), lesionan el derecho del niño a nacer de un padre y una madre conocidos de él y ligados entre sí por el matrimonio.

La inseminación y fecundación artificiales homólogas (con esperma del marido de la mujer) no tienen ese inconveniente pero tampoco son lícitas por disociar la unión de la procreación. «El acto fundador de la existencia del hijo ya no es un acto por el que dos personas se dan una a otra, sino que 'confía la vida y la identidad del embrión al poder de los médicos y de los biólogos, e instaura un dominio de la técnica sobre el origen y sobre el destino de la persona humana. Una tal relación de dominio es en sí contraria a la dignidad e igualdad que debe ser común a padres e hijos' (DV, 82)[84].

Otros inconvenientes actuales de estas técnicas provienen del número de embriones que se pierden, unos porque son abortados y otros porque se congelan y se guardan pero cuyo final será la inevitable destrucción, o su uso como «material biológico» del que disponer libremente[85].

Como es sabido, recientemente algunos piensan también en la *clonación reproductiva* como una técnica más contra la esterilidad cuando falle la FIVET por alguna razón. No nos vamos

---

83 *Catecismo de la Iglesia Católica*, n. 2378. Para todo lo referencia a la Fecundación *in vitro*, cfr. C. Doctrina de la Fe, *El don de la vida*, 1987

84 *Catecismo de la Iglesia Católica*, nn., 2376 y 2377

85 Juan Pablo II, Enc. *Evangelium vitae*, 1995, n. 14

a detener a comentar la grave ilicitud de esta técnica, en el caso hipotético de que se desarrollara lo suficiente como para aplicarla a la vida humana. Ha merecido la reprobación no sólo del Magisterio de la Iglesia[86], sino también de Comités de Bioética Nacionales e Internacionales y Organismos como el Consejo de Europa, la UNESCO, la Organización Mundial de la Salud, etc., si bien algunos deberían ser más claros en la condena de todo tipo de clonación (también la llamada terapéutica, que de hecho es igualmente reproductiva, aunque no deje desarrollarse al clon conseguido, para utilizarlo como suministrador de «células madres»).

MÉTODOS NATURALES PARA CONOCER LA FERTILIDAD Y MÉTODOS ANTICONCEPTIVOS. DIFERENCIAS ANTROPOLÓGICAS

Hemos dicho que los métodos anticonceptivos son siempre ilícitos, aunque el fin y las circunstancias puedan ser buenos, porque el acto en sí, por desvirtuar su desarrollo normal, es malo.

Los naturales —la continencia periódica, según los ciclos biológicos femeninos, que pueden conocerse por diversos métodos[87]— *son lícitos si el fin es bueno y proporcionado.* Estos

86 cfr. *Reflexiones de la Academia Pontificia para la vida sobre la clonación*, 11.VII.1997. «Es la forma más despótica y a la vez, en fin, la más esclavizante de manipulación genética, porque no se trata ahora de modificar arbitrariamente la carga genética, sino de fijarla arbitrariamente, también contra la naturaleza» (Hans Jonas).

87 Entre los métodos naturales:
1. El *Ogino-Knaus o de la continencia periódica* averigua el momento de la ovulación contando un número determinado de días a partir de la última regla. Consiste en abstenerse de las relaciones conyugales durante los días de la ovulación, entre el día 10 y el 16 del ciclo; más seguro si se prolonga hasta el día 20. Es eficaz si la mujer tiene un ciclo regular. Estadísticamente la eficacia es de un 70 %; aumenta si se une a otro método, como el de la temperatura basal.

son lícitos porque el acto sexual es correcto; y es la naturaleza y no la pareja voluntariamente la que lo hace infecundo, de modo natural. Decimos que debe haber, no obstante, un fin bueno y proporcionado porque si no los hubiera la continencia periódica se convertiría en un método anticonceptivo más

---

2. El método *Billings* se basa en las variaciones del moco cervical de la vagina a lo largo de la regla. El matrimonio Billings observó que el moco, por la acción de los estrógenos, se vuelve fluido durante la ovulación. Después de la menstruación ordinariamente no hay secreción de moco y la mujer tiene la sensación de sequedad; si hay secreción el moco no varía de un día a otro su consistencia o densidad. Después el moco empieza a modificarse y adquiere una elasticidad, lubrificación y transparencia mayor: la mujer tiene sensación de humedad y resbalosidad. Es una fase potencialmente fértil. El «día pico» o de máxima fertilidad es el último con estas características; también son fértiles los dos días siguientes. Al día siguiente al del pico el moco cambia de nuevo de aspecto y desaparece la sensación de humedad hasta la nueva menstruación que tiene lugar unas dos semanas después. Su eficacia es superior a un 95 %.
3. El método de la *temperatura basal* se basa en que la temperatura aumenta entre 0,5 y o,8 grados a partir de la ovulación, por la acción de la progesterona sobre el centro termorregulador del hipotálamo. La temperatura se debe tomar por la mañana, a ser posible a la misma hora. Ordinariamente el periodo infecundo comienza a partir del tercer día del aumento de la temperatura. La eficacia es de un 85 %.
4. El método *sintotérmico* es la suma de los dos anteriores; añade también otros indicadores menores de la ovulación, como la mayor elasticidad del cuello uterino, el sangrado intermenstrual, el dolor pélvico-abdominal o de espalda, las molestias mamarias y la hinchazón abdominal.
5. Y el uso de aparatos técnicos *medidores de la fertilidad* (Bioself, Ovulator,etc). El procesador *Persona* es el medio natural más eficaz de los hasta ahora conocidos. Es un pequeño ordenador que recoge los datos hormonales de la mujer a partir de la orina, tomada a primeras horas de la mañana, durante varios meses para determinar con exactitud en qué momento del ciclo se encuentra. Almacena datos de los últimos 6 meses. Detecta el nivel de estrógenos y el pico de la hormona luteotropa (LH) 24 h. después de la ovulación. Empieza a medir desde el primer día de la menstruación. La luz verde indica que ese día no hay posibilidad de fecundación. La luz roja indica lo contrario (la luz roja aparece cuando aumentan los estrógenos y la LH). Puede aparecer luz amarilla, que indica que necesita analizar la orina de ese mismo día. cfr. Tomás Melendo, *Los métodos naturales de control de natalidad*, folletos MC, n. 506. Miguel Angel Monge (Ed), *Medicina Pastoral*, Eunsna, 2003, págs.286-297

y por tanto se le podría aplicar, análogamente, lo que decíamos para los métodos artificiales.

Entre unos y otros de esos métodos hay, en el fondo, *una concepción distinta de la persona y de la sexualidad, que son irreconciliables entre sí.* «La elección de los ritmos naturales comporta la aceptación del tiempo de la persona; es decir, de la mujer, y con esto, la aceptación también del diálogo, del respeto recíproco, de la responsabilidad común, del dominio de sí mismo. Aceptar el tiempo y el diálogo significa reconocer el carácter espiritual y a la vez corporal de la comunión conyugal»[88]. Es decir, que *lo que distingue radicalmente unos métodos de otros «no es sólo ni fundamentalmente el método empleado, sino la actitud radical que dirige toda la vida matrimonial y las relaciones de los esposos con Dios»*[89].

En efecto, unos métodos u otros no son dos realidades abstractas, que no tengan relación con el resto de la vida marital; no son algo que aparezca en un momento determinado de las relaciones matrimoniales sin interferir para nada en la calidad y características de éstas. Al contrario, el método empleado tiene una íntima relación, ordinariamente, con el resto de la vida matrimonial. En el fondo, la diferencia que motiva unos métodos u otros es la diferencia que existe entre aceptar o no aceptar las leyes naturales y ley de Dios.

En el recurso a los métodos naturales no se manipula la donación conyugal porque no hay una intervención activa en el proceso procreativo. Los cónyuges no intervienen activamente. Se limitan a conocer los ciclos naturales y ejercitan la renuncia y viven en continencia ciertos días por un mutuo respeto basado en el amor. No obstante, como ya dijimos, para hacer lícitamente el acto conyugal de modo habitual y exclusivamente en los días agenésicos, se necesita que haya «graves

---

88 Juan Pablo II, *Familiaris consortio*, n. 32

89 Tomás Melendo, *Los métodos naturales de control de natalidad*, pág. 24

motivos», porque en caso contrario, el fin no sería bueno —evitar la concepción sin motivo proporcionado— y, por tanto no estaría justificado ese modo de proceder.

Dicho de otra manera, podríamos *distinguir entre la voluntad anti-procreadora y la no-procreadora.* La voluntad no procreadora, por razones objetivas se abstiene de realizar un acto fértil que considera bueno; cuando esas circunstancias desaparecen, busca de nuevo la fertilidad. La voluntad anti-procreadora se opone directamente al acto fértil porque lo considera directamente negativo. No querer un bien puede ser bueno, pero ponerse en contra de un bien es siempre malo: todo bien es digno de ser amado y sólo el mal debe ser odiado.[90]

En el uso habitual de los métodos anticonceptivos «podría temerse que el hombre, habituándose al uso de las prácticas anticonceptivas, acabase por perder el respeto a la mujer y, sin preocuparse de su equilibrio físico y psicológico, llegase a considerarla como simple instrumento de goce egoísta y no como compañera, respetada y amada»[91].

E. Educación de la sexualidad

LA CASTIDAD Y EL PUDOR

Empecemos por decir, siguiendo al profesor García Hoz, uno de los grandes maestros de la ciencia pedagógica, que es más correcto hablar de «educación de la sexualidad» que de «educación sexual», por la vinculación de la sexualidad con todas las manifestaciones de la persona[92].

---

90 Carlo Caffarra, *Etica general de la sexualidad*, Eiunsa, 1995, pág. 83 y 106

91 *Humanae vitae*, n. 17

92 cfr. Víctor García Hoz, *Educación de la sexualidad*, ICF-Rialp, 1990, pág. 17

Por el gran relativismo moral, no es una virtud fácil en estos tiempos, pero tampoco es imposible, porque Dios —en su infinita justicia y sabiduría— no pide imposibles, ni a los solteros ni a los casados[93]. Es necesario hacer ver el error del pretendido derecho a una libertad sexual sin límites: elevar a derecho, con reconocimiento social, un mero deseo subjetivo, es una falacia. La libertad sin límites es la destrucción de la verdadera libertad.[94]

El respeto a la naturaleza propia de la sexualidad, que hemos expuesto en sus rasgos principales, requiere un cierto esfuerzo, un cierto hábito, al que si se añade una finalidad espiritual le llamamos virtud de la *castidad*. La castidad ayuda a vivir la sexualidad como hemos descrito, y es por ello, como toda virtud, una actitud positiva. En la adquisición de esta virtud — como en todas— se puede avanzar poco a poco, como en un plano inclinado por el que vamos subiendo progresivamente, con un esfuerzo llevadero que no se hace insoportable: es la «ley de la gradualidad»; pero sin rebajar en ningún momento la exigencia de la ley en función de las circunstancias personales distintas de unos a otros: esto sería la «gradualidad de la ley», que niega el valor universal de las normas morales, lo que no es admisible porque la desvirtuaríamos[95].

Al comienzo de la Creación, antes del pecado original, Adán y Eva no experimentaban la atracción desordenada de la sexualidad (la concupiscencia o inclinación al mal) que nosotros sentimos. Por la integridad de su naturaleza, las pasiones y

---

93 «Suponer que existen situaciones en las que no sea de hecho posible a los esposos ser fieles a *todas* las exigencias de la verdad conyugal, equivale a olvidar la gracia de la Nueva Alianza: la gracia del Espíritu Santo hace posible lo que al hombre, dejado a sus solas fuerzas, no le es posible» Juan Pablo II, Disc. a los participantes sobre Seminario de Estudio acerca de la Procreación responsable, 17-IX-1983

94 cfr. C.E. Española, Instrucc. Pastoral *La familia...*, o.c., n. 33

95 cfr. Juan Pablo II, Exh. Apost. *Familiaris consortio*, n. 9 y 34

los instintos estaban sometidos a la razón: leemos en el Génesis que estaban desnudos sin sentir rubor el uno del otro; es después de la caída cuando advierten su desnudez —es decir, cuando la desnudez les resulta vergonzosa— y se cubrieron (cfr. Gen 3,7-12). Antes de la caída la mirada y los sentimientos eran puros y el cuerpo propio y el ajeno eran vistos castamente, sin que fuera ocasión de tentación carnal. Después de la desobediencia a Dios, pierden entre otros el don de integridad mencionado y a partir de entonces vivir ordenadamente la sexualidad supondrá una tensión, un aprendizaje que requiere esfuerzo.

El amor se educa mediante la virtud de la castidad, que evita «manchar» el amor con erotismo, un amor que se detiene en el cuerpo y en el sexo y no llega a la persona. Por la virtud de la castidad, subordinada a la templanza, la voluntad se hace capaz de moderar los movimientos de los sentidos, la sensualidad y la afectividad. Y la templanza en la que radica, da una aptitud constante de moderación en la tendencia sexual. La castidad es «la fuerza con que la razón se impone al impulso sexual..., a fin de que las tendencias sexuales no desborden los límites del amor verdadero. Castidad es pureza de cuerpo y alma en el amor»[96]. Cuando falta la educación de esta virtud se dificulta la madurez de la afectividad, que impide la entrega libre y responsable de sí mismo, dejándose llevar de experiencias sexuales diversas que dan lugar a jóvenes envejecidos, desgastados por experiencias superficiales[97].

La castidad no puede comprenderse al margen del amor; es ella la que pretende liberar al amor de la actitud de placer, lo que obliga a vencer todos los subjetivismos y egoísmos que pueden encubrir a la voluntad, y lleva a subordinar el deseo de gozar a la disposición de amar en todas las circunstancias. Pero

---

96 *Ibidem*, pág. 26

97 C.E. Española, Instruc. Pastoral, *La Familia...*, o.c., n. 55

no se trata de rechazar los valores del cuerpo y del sexo, sino de integrarlos permanentemente en los valores de la persona. Por eso la castidad, decíamos, no tiene un valor negativo o de freno, sino eminentemente creativo, positivo. Por otra parte, la castidad es la que más realza el verdadero valor del cuerpo y del sexo, al integrarlos en el valor de la persona[98].

La castidad se diferencia de la mera continencia en que ésta puede deberse a razones puramente humanas, de simple conveniencia, pero sin buscar un fin ético o moral meritorio.

La castidad requiere dominio de sí —en esto sí se parece a la continencia—, lo que es posible porque el hombre trasciende su cuerpo, no es sólo su cuerpo; es también espíritu, que no está condicionado totalmente por la materia. Pero requiere, además, un verdadero amor por la otra persona: *el amor verdadero es el que da lugar a la castidad, es decir, al modo correcto de vivir la sexualidad.* El amor es ver al otro como persona, en toda su dignidad, en una relación interpersonal abierta a la vida[99]. En cuanto virtud, la castidad se debe también al deseo de no ofender a Dios.

La castidad ayuda a superar el egoísmo de buscar el propio placer, a evitar la agresividad y las relaciones superficiales y, por el contrario, a tratar con respeto, delicadeza y amor verdadero a la otra persona; orienta el instinto sexual al servicio del amor y lo integra en el desarrollo de la persona. «En la misma medida en que en el hombre se debilita la castidad, su amor se hace progresivamente egoísta, es decir, deseo de placer y no ya don de sí»[100].

Por la unión de lo somático, lo psíquico y lo espiritual, *existe una relación real entre la pureza del cuerpo, la de la mente y la*

98 K. Wojtyla, *Amor y responsabilidad*, pág. 185-86.

99 cfr. C. Caffarra, *Etica General de la sexualidad* págs. 42-46

100 C. Pontificio para la Familia, La *sexualidad humana: Verdad y significado*, 1996, n. 16

del corazón: la pureza de intenciones y la pureza de afectos vienen facilitadas por la pureza del cuerpo. Por ello la castidad contribuye a hacer hombres y mujeres íntegros, mientras que abandonarse a las apetencias del instinto lleva al egoísmo, a la falsedad, a veces a la timidez y hasta a la crueldad[101].

No se debe identificar apetencia y espontaneidad con amor; el amor verdadero es, además, responsabilidad, adecuación a una norma. Esto no restringe el amor ni lo coarta: más bien permite que no se desvirtúe. «La castidad no significa ni rechazo ni desestima de la sexualidad humana; significa más bien energía espiritual, que sabe defender el amor de los peligros del egoísmo y de la agresividad y sabe elevarlo hasta su plena realización»[102].

Resumiendo podríamos decir que *la castidad afecta a dimensiones fundamentales de nuestra vida*, pues se relaciona con la fuerza de voluntad en tanto que capacidad de control de cualquier movimiento emotivo o pasional; con la paciencia, que regula los movimientos de la ira; con la delicadeza o respeto ajeno en las manifestaciones exteriores de sentimientos y afectos. De otra parte, la alegría y el gozo que produce la castidad, es un bien muy superior a la mera satisfacción de un placer, que si no es conforme a la razón —si no es lícito— dejará, además, una cierta frustración[103].

---

101 «...Entre los castos se encuentran los hombres más íntegros, por todos los aspectos. Y entre los lujuriosos dominan los tímidos, egoístas, falsarios y crueles, que son características de poca virilidad» (San Josemaría Escrivá de Balaguer, Camino, n. 124). En un contexto más amplio se podrían recordar aquí los frutos del Espíritu, en contraposición a los de la carne, de los que nos habla San Pablo: Los frutos del Espíritu son «caridad, gozo, paz, longanimidad, benignidad, bondad, fe, mansedumbre, continencia», mientras que las de la carne son «fornicación, impureza, lujuria, idolatría, hechicería, enemistades, pleitos, celos, iras, riñas, disensiones, divisiones, envidias, embriagueces, orgías y cosas semejantes» (Gal 5,19-21)

102 Juan Pablo II, Exh. Apost. *Familiaris consortio*, n. 33

103 cfr. V. García Hoz, *Educación de la sexualidad*, o.c., pág. 28

Entre los diversos modos de educar la sexualidad, ocupa un lugar importante *el pudor*, que puede no valorarse convenientemente. El pudor es la cualidad que nos lleva a ordenar las miradas y los gestos en conformidad con la dignidad de las personas y con la relación que existe entre ellas. Por eso el pudor preserva la intimidad de la persona y evita mostrar lo que debe quedar oculto a las miradas innecesarias. Si no se aprecia la intimidad no se apreciará el pudor. Y mostrar la intimidad indiscriminadamente es, cuando menos, falta de aprecio por nuestra propia dignidad personal; puede ser también deseo desordenado de llamar la atención, de exhibicionismo.

El pudor invita a la paciencia y a la moderación en la relación amorosa y evita el riesgo de una curiosidad malsana. El pudor inspira una manera de vivir que permite no ceder a la presión de un ambiente hedonista que no respeta la legítima intimidad de las personas. Es un movimiento de defensa de la persona, para evitar ser tratada como objeto de placer: para impedir que quien nos contempla —y en especial las personas de sexo distinto— reaccionen de modo incompatible con el valor de la persona. También es necesario para evitar una reacción anómala personal[104].

Aunque las formas de manifestar el pudor varíen de una cultura a otra, sin embargo en todas partes constituye la intuición de una dignidad espiritual propia del hombre. Afecta tanto a la

---

104 cfr. Karol Wojtyla, *Amor y responsabilidad*. Ed. Razón y Fe, 8º ed. 1978. En el capítulo sobre la metafísica del pudor escribe que «el pudor, de una parte, esconde los valores sexuales a fin de que no oculten el valor de la persona misma, y de otra, contribuye al deseo de despertar el amor y de experimentarlo. De este modo, el pudor prepara, en cierta manera, el camino al amor. Y sólo el amor es capaz de absorber la vergüenza de la falta de pudor, porque por el amor auténtico los valores sexuales quedan integrados en el valor de la persona». Por otra parte, «el pudor se extiende también a cosas buenas, que no deben airearse porque perderían el motivo por el que se hicieron: por deseo de hacer el bien, sin difundirlo para buscar su reconocimiento» págs. 192-214.

guarda del cuerpo como de los sentimientos[105]. El pudor obliga a cubrir determinadas partes del cuerpo. Pero el vestido cambia según estemos en la calle, en la playa o haciendo deporte, ante una exploración médica... La diferencia está en que no cabe tener por impúdica una desnudez parcial del cuerpo si cumple una función objetiva, mientras que el empleo de un vestido que descubre el cuerpo sin razón objetiva, sí es impúdico[106]. El modo de vestir en zonas o épocas cálidas debe ser compatible también con el pudor.

Por todo ello, el pudor «es un medio necesario y eficaz para dominar los instintos, hacer florecer el amor verdadero e integrar la vida afectivo-sexual en el marco armonioso de la persona»[107].

Son otros muchos los aspectos necesarios para conseguir una buena educación de la sexualidad que sería largo pormenorizar. Nos limitaremos a enumerar algunos de orden humano, pero no podemos dejar de mencionar la importancia decisiva de *los medios sobrenaturales* —la gracia sacramental, la vida de oración, etc.— para adquirir y consolidar la virtud de la castidad —como cualquier otra virtud—, sin los cuales es mucho más difícil conseguirlo.

En primer lugar *corresponde a la familia asegurar una gradual educación de la vida sexual*, por el afecto, la confianza y el conocimiento de los hijos que tienen los padres. Esta educación ha de empezar desde la infancia. Antes que nada, les enseñarán con su propio comportamiento: el verdadero amor entre los miembros de la familia, la estabilidad del hogar, la generosidad en el número de hijos, el «clima» de amor humano y de cooperación con Dios con que viene al mundo cada nuevo hijo, las relaciones delicadas entre los hermanos y sus amigos y amigas, etc., irán forjando en el niño una adecuada comprensión

105 cfr. *Catecismo de la Iglesia Católica*, nn. 2521-2524
106 K. Wojtyla, *Amor y responsabilidad*, pág. 222
107 *Pautas de Educación Sexual*, III.

de la sexualidad. En síntesis, la educación de la castidad en los hijos ha de tener presente estos tres objetivos: conservar en la familia un clima positivo de amor, de virtud y de respeto a los dones de Dios, particularmente al don de la vida; ayudar a los hijos a comprender gradualmente el valor de la sexualidad y de la castidad y sostener su desarrollo con el consejo, el ejemplo y la oración; y ayudarles a comprender y descubrir la propia vocación al matrimonio o a la virginidad por amor a Dios[108].

Además, los padres, que son los primeros y principales responsables de la educación de sus hijos, han de tener una *estrecha relación con los educadores o profesores de sus hijos*, que procurarán que participen de sus mismos puntos de vista en cuestiones fundamentales[109]. En cuanto a la información teórica sobre la sexualidad que pueda darse en el colegio, se ha de tener presente la edad de los niños, para decir lo que en cada caso se está en condiciones de entender adecuadamente; y se ha de cuidar mucho el modo de explicar y, siempre, la estrecha relación entre la sexualidad, el amor humano y la participación en el poder creador de Dios: *la información sexual no se debe separar de los principios morales oportunos*, porque esa información sería entonces más bien «una introducción a la experiencia del placer y un estímulo que lleva a perder la serenidad, abriendo el camino al vicio desde los años de la inocencia»[110]. La moral sexual no puede identificarse con la sexología pura, porque la sexualidad es una dimensión propia de la persona, no de un mero cuerpo. Lo que diga sobre la sexualidad humana un biólogo o un sexólogo puede ser verdadero, pero si no parte de la dimensión personal siempre será incompleto.

---

108 cfr. Consejo Pontificio para la Familia, Sexualidad *humana: verdad y significado*, 1996, n. 22

109 *Ibidem*, n. 23

110 *Familiaris consortio*, n. 37. cfr. *Sexualidad humana: verdad y significado*, nn. 114-127

Las confusiones más frecuentes sobre la educación de la sexualidad podrían resumirse en estas: a) considerar la tendencia sexual como un impulso inocente en cuya satisfacción radicaría la felicidad del hombre; b) considerar que la tendencia sexual no puede ser reprimida sin que traiga consecuencias funestas para el desarrollo armónico del hombre; c) olvidar que el amor es también operación de la voluntad. Y es común a todas —por la visión dualista del hombre, como dijimos al principio de este capítulo— considerar la sexualidad como algo puramente biológico, olvidando que en los actos humanos, en los que interviene la voluntad y la libertad, no hay nada que sea puramente «animal» o biológico[111] .

Mucho habría que decir también sobre el valor educador o deformador de *la moralidad pública* —medios de comunicación, costumbres, leyes, etc.—, según cuál sea su orientación. Al Estado corresponde el grave deber —que no depende de confesionalismos— de velar por esa moralidad, como parte integrante del bien común.

Por lo que se refiere a *los medios de comunicación social*, para servir a la verdad han de estar orientados según sanos principios éticos y superar la tentación de falsear la verdad sobre el hombre. «El ser humano no es el presentado por la publicidad y por los modernos medios de comunicación social. Es mucho más, como unidad psicofísica, como unidad de alma y cuerpo, como persona. Es mucho más por su vocación al amor»[112]. «Los medios de comunicación pueden usarse para el bien o para el mal; es cuestión de elegir (...) Pueden a veces reducir a los seres humanos a simples unidades de consumo, o a grupos rivales de interés (...), (pero) usados correctamente, pueden ayudar a

---

111 cfr. V. García Hoz, *Educación de la sexualidad*, o.c, pág. 44

112 Juan Pablo II, *Carta a las Familias*, 1994, n. 20

crear y apoyar una comunidad humana basada en la justicia y la caridad»[113].

La publicidad se relaciona directamente con los medios de comunicación, y no se puede olvidar que «los publicitarios son moralmente responsables de las estrategias que incitan a la gente a un comportamiento determinado» y, por tanto «debe evitarse la publicidad que sin recato explota los instintos sexuales buscando el lucro, o que de tal manera afecta al subconsciente que se pone en peligro la libertad misma de los compradores»[114].

La adolescencia es otro momento de especial importancia[115]. Después, las relaciones entre chicos y chicas en la juventud[116] y, más tarde, la preparación adecuada para el matrimonio[117]: conocer bien las exigencias que comporta.

Pero el hombre y la mujer pueden poner también libremente toda su capacidad afectiva al servicio de un ideal superior que suponga la renuncia al ejercicio de la sexualidad: es el caso del *celibato apostólico.* La virginidad es también una vocación al amor, al amor a Dios, manteniendo el corazón más libre para dedicarse a las cosas de Dios, para estar más disponible para la entrega a los demás, por Dios. Por eso la virginidad, aunque renuncia a la forma de amor típica del matrimonio, asume a nivel más profundo el dinamismo inherente a la sexualidad

---

113 cfr. C. Pontificio de las Comunicaciones Sociales, Ética en las Comunicaciones sociales 2000, n. 19.

114 C. Pontificio de las Comunicaciones Sociales, Ética en *la Publicidad*» 1997, n. 14 y 9.

115 No podemos entrar aquí con detalle en todos los aspectos fisiológicos, psíquicos, etc. que se «despiertan» en esos momentos de tanta trascendencia, que requieren la atención especial de los padres, de los educadores, sacerdotes, etc. También la gran importancia de los amigos. Son particularmente recomendables los nn. 77-109 de *Sexualidad humana: verdad y significado*».

116 cfr. André Leonard, *Moral sexual explicada a los jóvenes*, libros mc, 1994

117 cfr. C. Pontificio de la Familia: *Preparación para el sacramento del matrimonio*, 1996

de la apertura y entrega a los demás, potenciado por el amor a Dios[118].

Digamos, para terminar, que la castidad nunca estará pasada de moda. Hay que estar atentos «a tantas voces que intentarán engañaros con reiteradas frases publicitarias, afirmando que no sois 'realistas', que estáis 'pasados de moda', 'superados' y, por supuesto, 'reaccionarios'. Pero el mensaje de Jesús —y el de la misma ley natural para todos, podemos añadir— es claro: la pureza significa verdadero amor y es exactamente lo opuesto del egoísmo y de la evasión»[119]. En fin, digamos de nuevo que «la castidad no significa ni rechazo ni desestima de la sexualidad humana; significa más bien energía espiritual, que sabe defender el amor de los peligros del egoísmo y de la agresividad, y sabe elevarlo hasta su plena realización»[120].

---

118 Para los aspectos educativos de la sexualidad, cfr,. *Pautas de Educación Sexual*, II y III.

119 Juan Pablo II, Discurso a los jóvenes, Louisiana (USA), 1987

120 Juan Pablo II, Exh. Apost. *Familiaris consortio* , n. 33

Capítulo II
DIMENSIÓN SOCIAL DEL HOMBRE: LA FAMILIA

A. La familia, núcleo básico de la sociedad

Por su condición racional, el hombre es un ser social: no ha sido creado para vivir sólo, aislado, sino en convivencia humana con los demás hombres. El hombre necesita de los demás para venir al mundo, y para subsistir durante bastantes años de su existencia. Después, necesita también de los otros para su educación. De igual modo necesita de otros para crecer en un ambiente humano, es decir, acogedor, afectuoso, familiar: necesita de un hogar. También necesita de los demás para adquirir conocimientos de las realidades humanas y espirituales. Y por la complejidad de la vida moderna, en la práctica necesitamos de los demás para atender a las diversas necesidades de alimentación, trabajo, descanso, etc. Por último, la complementariedad hombre-mujer de la que ya hemos hablado nos lleva a buscar la relación estable con una persona del otro sexo con la que constituir nuestra propia familia[121].

Pero la persona humana debe relacionarse con los demás no sólo porque tenga necesidad de ellos, sino porque «la persona es radical y constitutivamente un *ser para otro.* Un ser constituido de tal modo que no puede ser él mismo sin los demás; más aún: que no puede ser él mismo si no es *para los demás.* Así pues la afirmación clásica de que el hombre es un *ser social por naturaleza* va mucho más allá de la evidencia de que *puede relacionarse* con otros»[122] o de que necesita la ayuda de otros.

Por la dimensión social del hombre vamos a hablar de la familia, «célula primera y vital de la sociedad»[123].

Como es sabido, *una sociedad será lo que sean las familias que la componen*; por ello *«el futuro de la humanidad se fragua en la familia»*[124]. La familia es el *hábitat* natural para la acogida amorosa de la vida humana, cuna y custodia de la vida y núcleo de la gran familia de los hijos de Dios[125] Los grandes problemas que hoy aquejan a nuestra sociedad, se ven reflejados —con matices diversos— en muchas familias. El conocimiento cercano e individual de tantas familias ayuda a comprender mejor el entramado de conflictos que a mayor escala se ven en la sociedad, con perfiles menos precisos. «Por consiguiente, es indispensable y urgente que todo hombre de buena voluntad

121 «A la luz del Nuevo Testamento es posible descubrir que el modelo originario de la familia hay que buscarlo en Dios mismo, en el misterio trinitario de su vida. El «Nosotros» divino constituye el modelo eterno del «nosotros» humano». Juan Pablo II, *Carta a las Familias*, 1994, n. 6. En el «Nosotros» se refiere el Papa a la Trinidad de Personas, en las que se dan la Paternidad, la Filiación y la esencia de la familia que es el amor, el Espíritu Santo.

122 Jorge Miras y Juan Ignacio Bañares, *Matrimonio y Familia*, ed. Rialp, 2006, pág. 42

123 C.Vaticano II, Decr. *Apostolicam actuositatem*, n. 11

124 Juan Pablo II, Homilía en la Plaza de Colón, Madrid, 1993

125 cfr. C.E. Española, Instruc. Past. *La familia...*, o.c, n. 4

se esfuerce por salvar y promover los valores y exigencias de la familia»[126].

De otra parte, hoy son muchos los problemas que afectan a la familia: es una institución altamente valorada por la mayoría de personas, y sin embargo vilipendiada en su función social: no se encuentra ese respaldo en la legislación pública, hasta el punto de considerar como normales situaciones gravemente perturbadoras de la institución familiar y de la vida humana[127].

Hablar de la importancia de la familia para el hombre, con todas las «luces» y «sombras» que hoy podemos ver, y señalar alguna de las causas y de los remedios, es tarea que sobrepasa con mucho los límites de este trabajo. Me limitaré a señalar algunos de los puntos que considero de más relieve.

LA INFLUENCIA FAMILIAR

Un primer punto de reflexión puede ser éste: la importancia de la familia en cada individuo es tal, que *en buena parte cada uno somos según cómo ha sido y es nuestra familia.* Porque existe la libertad, no hay un paralelismo exacto entre «la causa» (la familia) y el «efecto» (nosotros), porque de hecho los hermanos de sangre tienen sus diferencias, aunque ordinariamente tal vez sean más los parecidos. Pero en todo caso, es claro que nuestra familia «nos marca» mucho, para bien o para mal. Cada uno somos hijos de nuestros padres, pero no sólo en cuanto que ellos nos han engendrado, sino que también nos han educado en los momentos y en los aspectos más significativos de nuestra personalidad; ellos son los que han dejado en nosotros una impronta mayor, aunque han de pasar años para advertir hasta qué punto esto es así; y nunca llegamos a darnos

126 Juan Pablo II, Homilía. en la Plaza de Colón, Madrid, 1993

127 cfr. C. E. Española, Instruc. Past., *La familia*..., o.c., n. 11

cuenta del todo, porque es difícil conocerse bien a sí mismo; quizás lo advierten mejor otras personas que conocen a ellos y a nosotros.

Después, el colegio, los amigos, etc., nos influirán también más o menos, pero «la base» familiar estará siempre presente y a partir de ella va construyendo —y a veces destruyendo— lo demás.

Una primera consecuencia puede deducirse ya: la familia que en el futuro cada uno forme, los hijos que cada uno tenga, serán en buena parte lo que yo mismo sea; lo que yo mismo sea *hoy*, no *mañana*, porque el mañana a fin de cuentas no es más que la continuación del hoy, y nadie me puede garantizar que mañana seré mejor que hoy, si hoy no estoy dispuesto a cambiar. Y el *mañana* es incierto; sólo el *hoy* es seguro.

QUÉ ENTENDEMOS POR MATRIMONIO Y FAMILIA

Antes de seguir adelante parece necesario concretar qué entendemos por matrimonio y familia. No está de más señalarlo porque hoy, ante la situación tan diversa en la que viven los hombres, el concepto de matrimonio y familia en muchos ambientes se ha desdibujado notablemente.

La verdadera familia, entendida como «*comunidad de vida y de amor*»[128], nace del verdadero matrimonio. De otro tipo de uniones —de algunas de ellas nos ocuparemos ahora— se derivarán familias más o menos incompletas, más o menos rotas, más o menos deficientes, carentes de alguno de los rasgos necesarios: la paternidad, la maternidad, la filiación, la unidad e indisolubilidad y el amor.

Se hace necesario, por tanto, decir lo que entendemos por *verdadero matrimonio*. Es una institución natural, y viene

128 Juan Pablo II, *Carta a las Familias*, 1994, n. 17

definido por las características que se derivan de sus propiedades esenciales: *alianza «por la que el varón y la mujer constituyen entre sí un consorcio de toda la vida, ordenado por su misma índole natural al bien de los cónyuges y a la generación y educación de la prole»*[129]. «Sólo una unión así puede ser reconocida y confirmada como «matrimonio» en la sociedad»[130]. Lo que se aparte de aquí no es la institución natural del matrimonio y, por tanto, de la familia, aunque pueda participar en mayor o menor medida de estas características, y no responderá adecuadamente a la naturaleza del hombre, a las exigencias del amor conyugal y a la educación de los hijos. Cuestión distinta es el hecho de que cultural y legalmente puedan ser toleradas, aceptadas, o equiparadas al matrimonio y a la familia «figuras» de distinto tipo, lo que puede contribuir a desdibujar, como veremos, el verdadero concepto de uno y otra. Pero insistamos antes en las *características del matrimonio y de la familia.* Lo haremos con ideas y palabras textuales del Santo Padre, Benedicto XVI[131].

«El matrimonio y la familia no son una construcción sociológica casual, fruto de situaciones particulares históricas y económicas... La justa relación entre el hombre y la mujer hunde sus raíces en la esencia más profunda del ser humano y sólo puede encontrar su respuesta a partir de ésta».

El Papa nos dice que esta relación nos debe llevar a preguntarnos por «la pregunta siempre antigua y siempre nueva del hombre sobre sí mismo: ¿quién soy?», lo que a su vez nos lleva a preguntarnos por Dios: ¿existe Dios?, ¿quién es Dios?

---

129 *Código de Derecho Canónico*, c. 1055, 1; *Catecismo de la Iglesia Católica*, n. 1601

130 Juan Pablo II, *Carta a las Familias*, 1994, n. 17

131 cfr. Benedicto XVI *Discurso al Congreso de la Diócesis de Roma sobre «Familia y comunidad cristiana: formación de la persona y transmisión de la fe»*, VI-2005.

A esas preguntas respondemos que el hombre es creado a imagen de Dios; y como Dios es amor, el hombre, que debe parecerse a Dios de quien es imagen y semejanza, está llamado al amor: «se hace semejante a Dios en la medida en que ama».

A la vez, Dios es Espíritu, y el hombre tiene un cuerpo. De la relación entre Dios y el hombre, imagen suya, nace otra segunda relación: la que se establece entre el espíritu y el cuerpo, de tal modo que «el hombre, es de hecho, alma que se expresa en el cuerpo y cuerpo que es vivificado por un espíritu». De aquí tenemos que la vocación del hombre al amor es de todo su ser, cuerpo y alma, como ya comentamos en páginas anteriores.

Pero «la totalidad del ser del hombre incluye la dimensión del tiempo»: por tanto cuando el hombre dice *sí* al amor —al amor a Dios y al amor humano— ha de ir más allá del momento presente: «en su totalidad, el sí significa 'siempre', lo que fundamenta la fidelidad». Y este *sí* recíproco entre el hombre y la mujer da estabilidad al futuro y está destinado al don de nuevas vidas: los hijos. Por este motivo, afirma el Papa, «este sí personal tiene que ser necesariamente un sí que es también públicamente responsable, con el que los cónyuges asumen la responsabilidad pública de la fidelidad, que garantiza también el futuro de la comunidad»[132].

Resulta muy iluminador tener presente que «ninguno de nosotros se pertenece exclusivamente a sí mismo: por tanto, cada uno está llamado a asumir en lo más íntimo de sí su propia responsabilidad pública. De ahí que el matrimonio, como institución, no es por tanto una injerencia indebida de la sociedad o de la autoridad, una imposición desde el exterior en la realidad más privada

---

132 En su Balance del 2006, decía el Papa sobre el compromiso para siempre del vínculo matrimonial: «¿El hombre puede vincularse para siempre?, ¿puede decir un 'sí' para toda la vida?» Y responde: «sí puede. Ha sido creado para esto. Precisamente así se realiza la libertad del hombre y así se crea también el ámbito sagrado del matrimonio, que se ensancha al convertirse en familia y futuro» (Benedicto XVI, *Discurso a la Curia Romana*, 22-XII-2006.

de la vida; es por el contrario una exigencia intrínseca del pacto de amor conyugal y de la profundidad de la persona humana».

Hasta aquí las ideas tomadas de Benedicto XVI en su discurso al Congreso de la Diócesis de Roma citado anteriormente. Las completamos con estas otras sobre la familia, como institución insustituible, expuestas también por el Santo Padre en su viaje a Valencia en julio del 2006: recordaba el Papa que la familia, fundada en el matrimonio indisoluble entre un hombre y una mujer, es el ámbito privilegiado donde cada persona aprende a dar y recibir amor. Es una institución intermedia entre el individuo y la sociedad y nada la puede suplir totalmente. «Es un bien necesario para los pueblos, un fundamento indispensable para la sociedad y un gran tesoro de los esposos durante toda su vida. Es un bien insustituible para los hijos, que han de ser fruto del amor de los padres. Proclamar la verdad integral de la familia, fundada en el matrimonio como iglesia doméstica y santuario de la vida, es una gran responsabilidad de todos». «Reconocer y ayudar a esta institución es uno de los mayores servicios que se pueden prestar hoy día al bien común y al verdadero desarrollo de los hombres y de las sociedades, así como la mejor garantía para asegurar la dignidad, la igualdad y la verdadera libertad de la persona humana».[133]

El matrimonio y la familia, acabamos de decir, un bien necesario para los pueblos y una gran responsabilidad de todos el cuidar de esta institución natural[134], nos recuerda el

---

133 Benedicto XVI, *Homilía en el Encuentro Mundial sobre la Familia*, Valencia, 7-9.2006

134 Estadísticamente se comprueba que el número de divorcios es menor en los países en los que la legislación prevé un periodo de reflexión y consultas antes de concederlo. Es insólito que un país, como sucede ahora en España, conceda el divorcio a petición de una de las partes, sin necesidad de aducir una causa y sin plazo de reflexión. Esa situación se podría comparar con el repudio islámico (cfr. *Evolución de la Familia en Europa, 2006.* del Instituto de Política Familiar, en Aceprensa 28-VI-2006).

Papa. Por eso, por el fuerte contraste, «resulta doloroso comprobar cómo se ha eliminado de la legislación civil española una institución tan importante en la vida de las personas y de la sociedad como es el verdadero matrimonio», es decir «a la indisoluble unión de vida y amor entre un varón y una mujer, abierta a la transmisión de la vida y a la educación de los hijos». Y sin embargo, «las leyes vigentes facilitan disolver la unión matrimonial sin necesidad de aducir razón alguna para ello y, además, han suprimido la referencia al varón y a la mujer como sujetos de la misma; lo cual obliga a constatar con estupor que la actual legislación española no solamente no protege al matrimonio, sino que ni siquiera lo reconoce en su ser propio y específico»[135].

No es propiamente familia la unión de hecho de un hombre y una mujer, aunque tengan hijos; con menos razón si se limitan a relaciones maritales pero evitando los hijos. Volveremos más adelante sobre estas uniones.

Con mayor motivo aún *tampoco es una familia la unión, aunque sea legal, de dos personas del mismo sexo que pretenden vivir como «marido» y «mujer»*: es una unión contraria a la naturaleza. Y «¡ninguna sociedad humana puede correr el riesgo del permisivismo en cuestiones de fondo relacionadas con la esencia del matrimonio y de la familia! Semejante permisivismo moral llega a perjudicar las auténticas exigencias de paz y de comunión entre los hombres»[136].

¿Qué decir de las *familias de matrimonios divorciados*, vueltos a casar o no? Es, sin duda, el problema familiar más

---

135 Conferencia Episcopal Española, Instrucción Pastoral *Orientaciones morales ante la situación actual de España*, 30XI-2006, n. 41. Añaden los Obispos: «La Iglesia y los católicos no podemos aceptar esta situación, porque vemos en ella una grave desobediencia a los designios divinos, una contradicción con la naturaleza del ser humano y, por consiguiente, un gravísimo daño para el bien de las personas y de la sociedad entera».

136 Juan Pablo II, *Carta a las Familias*, 1994. n. 17

frecuente hoy. Esos hogares conservan algunas características de la familia íntegra o completa, pero han perdido aspectos esenciales, que necesariamente afectarán en mayor o menor medida a sus componentes (los hijos han perdido al padre o la madre, que no pueden, realmente, ser suplidos por un segundo «padre» o «madre», aunque a veces tengan aspectos beneficiosos); los cónyuges, si respetan la indisolubilidad real del vínculo no deben contraer nuevo matrimonio, y si lo hacen se apartan peligrosamente de las creencias religiosas, si las tienen, y no podrán participar de los sacramentos[137], etc.

Al frecuente problema del divorcio le siguen las *uniones de hecho*, que comentaremos más adelante. Aunque unos y otros se admitan socialmente, lo que se considera ideal es la familia tradicional, como lo prueba el hecho de que se pretenda equiparar, más o menos, las parejas de hecho al matrimonio a efectos civiles (lo que resulta vejatorio e injusto para la institución familiar, y va en contra del valor que debe darse a la verdadera familia, como veremos).

---

137 «La Iglesia... reafirma su praxis de no admitir a la comunión eucarística a los divorciados que se casan otra vez. Son ellos los que no pueden ser admitidos, dado que su estado y situación de vida contradicen objetivamente la unión de amor entre Cristo y la Iglesia, significada y actualizada en la Eucaristía: si se admitieran estas personas a la Eucaristía, los fieles serían inducidos a error y confusión acerca de la doctrina de la Iglesia sobre la indisolubilidad del matrimonio»: Juan Pablo II, Exh. Apost. *Familiaris consortio*, 1981, n. 84; cfr también C. Doctrina de la Fe, *Carta a los Obispos sobre la recepción de la Comunión Eucarística por parte de los fieles divorciados y casados de nuevo*, 1994; Discurso de Juan Pablo II al C.P. para la Familia, 24-I-1997. n. 3; C.P. para la Familia, *Recomendaciones sobre la pastoral de los divorciados*. «Esto vale también para el sacramento de la Penitencia; pues la condición de vida de los divorciados vueltos a casar, que siguen casados, está en contradicción con su significado doble y unitario de conversión y reconciliación»: *Failiaris. consortio*, n. 84. La Iglesia, no obstante, se preocupa de la atención pastoral de estas personas —con más motivo los que han sido abandonados por su cónyuge legítimo—, para que no se alejen de la Iglesia, y sigan rezando para que «puedan obtener de Dios la gracia de la conversión y de la salvación, si perseveran en la oración, en la penitencia y en la caridad»: *Familiaris consortio*, n. 84. cfr. *Catecismo de la Iglesia Católica*, nn. 1650 y 1651.

B. Padres, hijos, abuelos y niños en las enseñanzas del Papa Francisco

Detengámonos ahora un momento en hacer algunas consideraciones sobre el «papel» que el padre y la madre deben desempeñar en la familia, para la buena armonía familiar y la educación de los hijos. Nos detendremos también en comentar algunos aspectos sobre el comportamiento de los hijos, y lo que los abuelos aportan al hogar, así como la necesidad de velar por ellos. Lo haremos sobre todo siguiendo consejos del Papa Francisco sobre estos mismos temas, que tan frecuentemente ha abordado en sus enseñanzas.

EL PADRE

En primer lugar *el padre* ha de estar presente en el hogar, por muchas que sean sus ocupaciones profesionales. « Los padres están algunas veces tan concentrados en sí mismos y en su trabajo, y a veces en sus propias realizaciones individuales, que olvidan incluso a la familia. Y dejan solos a los pequeños y a los jóvenes». Y esta ausencia inevitablemente trae consecuencias negativas: «la ausencia de la figura paterna en la vida de los pequeños y de los jóvenes produce lagunas y heridas que pueden ser incluso muy graves (...) por la carencia de ejemplos y de guías autorizados en su vida de todos los días, por la carencia de cercanía, la carencia de amor por parte de los padres. El sentimiento de orfandad que viven hoy muchos jóvenes es más profundo de lo que pensamos»[138].

Pero a la vez, siendo necesaria la presencia física, no es suficiente, pues hay que prestar atención a los hijos. Hay que

138 Francisco, Audiencia general, 28 de enero, 2015

dialogar con ellos, acompañar las palabras con el ejemplo, y hacerles ver «los principios, los valores, las reglas de la vida que necesitan tanto como el pan».

En el libro de los Proverbios encontramos unas palabras que resumen muy bien lo que el padre (también la madre) ha de conseguir en la educación de sus hijo: «Hijo mío, si se hace sabio tu corazón, también mi corazón se alegrará. Me alegraré de todo corazón si tus labios hablan con acierto» (*Pr* 23, 15-16).

Comenta el Papa: «No se podría expresar mejor el orgullo y la emoción de un padre que reconoce haber transmitido al hijo lo que importa de verdad en la vida, o sea, un corazón sabio[139]».

¿Y qué es necesario para conseguir esto?: «para que pudieras ser así, te enseñé lo que no sabías, corregí errores que no veías. Te hice sentir un afecto profundo y al mismo tiempo discreto, que tal vez no has reconocido plenamente cuando eras joven e incierto. Te di un testimonio de rigor y firmeza que tal vez no comprendías, cuando hubieses querido sólo complicidad y protección»[140].

A la vez los padres han de ser pacientes, han de saber esperar y rezar. Una muestra admirable de esa paciencia llena de esperanza está en la parábola del hijo pródigo, o mejor, como dice el Papa, del «padre misericordioso (cf. Lc 15,11-32).

«Cuánta dignidad y cuánta ternura en la espera de ese padre que está en la puerta de casa esperando que el hijo regrese. Los padres deben ser pacientes. Muchas veces no hay otra cosa que hacer más que esperar; rezar y esperar con paciencia, dulzura, magnanimidad y misericordia».

Un buen padre *sabe esperar y sabe perdonar* desde el fondo del corazón. Cierto, sabe también corregir con firmeza: no es un padre débil, complaciente, sentimental. El padre que

139 Francisco, Audiencia general, 4 de febrero, 2015

140 Ibidem

sabe *corregir sin humillar* es el mismo que sabe proteger sin guardar nada para sí».

Para vivir muy bien la paternidad es importante sentir y vivir personalmente la paternidad de Dios para con nosotros. «Sin la gracia que viene del Padre que está en los cielos, los padres pierden valentía y abandonan el campo». A semejanza del hijo pródigo» los hijos necesitan encontrar un padre que los espera cuando regresan de sus fracasos. Harán de todo por no admitirlo, para no hacerlo ver, pero lo necesitan; y el no encontrarlo abre en ellos heridas difíciles de cerrar». Mientras que si están esperándoles, tendrán el recibimiento del padre misericordioso de la parábola, y el perdón de sus culpas[141].

A veces se da también el caso de que algunos padres «no sepan muy bien cuál es el sitio que ocupan en la familia y cómo educar a los hijos. Y, entonces, en la duda, se abstienen, se retiran y descuidan sus responsabilidades, tal vez refugiándose en una cierta relación «de igual a igual» con sus hijos». Y esto no es bueno, porque faltará la necesaria autoridad paterna, para orientar y dar criterio a sus hijos[142].

LA MADRE

Junto al padre, el papel insustituible de *la madre*: «Toda persona humana debe la vida a una madre, y casi siempre le debe a ella mucho de la propia existencia sucesiva, de la formación humana y espiritual».

Pero a pesar de esta importancia esencial, con frecuencia a la madre «se la escucha poco y se le ayuda poco en la vida cotidiana, y es poco considerada en su papel central en la sociedad». No solo en el ámbito familiar, sino también en la

141 Ibidem
142 Ibidem

legislación familiar la dedicación de la madre al hogar debería ser más valorada y convenientemente apoyada.

«Tal vez las madres, dispuestas a muchos sacrificios por los propios hijos, y no pocas veces también por los de los demás, deberían ser más escuchadas. Habría que comprender más su lucha cotidiana por ser eficientes en el trabajo y atentas y afectuosas en la familia».

Las madres nos dan ejemplo de cómo «multiplicar» nuestro tiempo para darnos a los demás; de cómo «dividirse» para llegar a todo. Por eso son «el antídoto más fuerte ante la difusión del individualismo egoísta. «Individuo» quiere decir «que no se puede dividir». Las madres, en cambio, se «dividen» a partir del momento en el que acogen a un hijo para darlo al mundo y criarlo».

Las buenas madres no solo se dividen, sino que dan la vida, y en ese sentido se puede hablar del «martirio» de las madres. Citando al arzobispo asesinado, Oscar Romero, decía el Papa: «dar la vida, tener espíritu de martirio, es entregarla en el deber, en el silencio, en la oración, en el cumplimiento honesto del deber; en ese silencio de la vida cotidiana; dar la vida poco a poco. Sí, como la entrega una madre, que sin temor, con la sencillez del martirio materno, concibe en su seno a un hijo, lo da a luz, lo amamanta, lo cría y cuida con afecto. Es dar la vida. Es martirio».

Por la importancia capital para la vida de las familias y por tanto de toda la sociedad, puede decir que «una sociedad sin madres sería una sociedad inhumana, porque las madres saben testimoniar siempre, incluso en los peores momentos, la ternura, la entrega, la fuerza moral».

Además, las madres son las primeras transmisoras a sus hijos «del sentido más profundo de la práctica religiosa: en las primeras oraciones, en los primeros gestos de devoción que aprende un niño, está inscrito el valor de la fe en la vida de un ser humano. Es un mensaje que las madres creyentes saben transmitir sin muchas explicaciones: estas llegarán después, pero la semilla de la fe está en esos primeros, valiosísimos momentos». Por eso, «sin las madres, no sólo no habría nuevos fieles, sino que la fe perdería buena parte de su calor sencillo y profundo»[143].

LOS HIJOS

Los hijos, en cuanto hermanos entre sí, también tienen una misión importante que cumplir en la familia. Sobre todo cuando van creciendo y adquiriendo el uso de razón ya no son meros receptores pasivos de la atención de los padres; ellos mismos son protagonistas también del ambiente y la unidad familiar. «El salmista canta la belleza de la relación fraterna: «Ved qué dulzura, qué delicia, convivir los hermanos unidos» (*Sal* 132, 1). Y esto es verdad, la fraternidad es hermosa».

A continuación el Papa habla de las consecuencias positivas que trae consigo la fraternidad bien vivida, y también, por el contrario, de las tragedias derivadas de una mala relación entre hermanos. Empezamos por esta última posibilidad.

«Sabemos que *cuando la relación fraterna se daña*, cuando se arruina la relación entre hermanos, se abre el camino hacia experiencias dolorosas de conflicto, de traición, de odio. El relato bíblico de *Caín y Abel* constituye el ejemplo de este resultado negativo (...). La ruptura del vínculo entre hermanos es algo feo y malo para la humanidad. Incluso en la familia, cuántos hermanos riñen por pequeñas cosas, o por una herencia, y luego no se hablan más, no se saludan más. ¡Esto es feo! La fraternidad es algo grande, cuando se piensa que todos los hermanos vivieron en el seno de la misma mamá durante nueve meses, vienen de la carne de la mamá. Y no se puede romper la hermandad».

143 Francisco, Audiencia general ,7 de marzo, 2015

Sin embargo, «el vínculo de *fraternidad* que *se forma en la familia* entre los hijos, si se da en un clima de educación abierto a los demás, es la gran escuela de libertad y de paz. En la familia, entre hermanos se aprende la convivencia humana, cómo se debe convivir en sociedad. Tal vez no siempre somos conscientes de ello, pero es precisamente la familia la que introduce la fraternidad en el mundo». Y de una fraternidad bien vivida en el ámbito familiar se beneficia toda la sociedad: «A partir de esta primera experiencia de fraternidad, nutrida por los afectos y por la educación familiar, el estilo de la fraternidad se irradia como una promesa sobre toda la sociedad y sobre las relaciones entre los pueblos».

La verdadera fraternidad brilla y se pone de manifiesto de modo especial «cuando vemos el cuidado, la paciencia, el afecto con los cuales se rodea *al hermanito o a la hermanita más débiles*, enfermos, o con discapacidad. Los hermanos y hermanas que hacen esto son muchísimos, en todo el mundo, y tal vez no apreciamos lo suficiente su generosidad»[144]. A la vez, en las familias en las que hay un hijo con esa limitación psicológica, los hermanos tienen la oportunidad de ser mucho más generosos y cariñosos, dando lo mejor de sí mismos a ese hermano o hermana que está más necesitado, que se ve rodeado del cariño de los suyos, y que indirectamente, con su sola presencia, su bondad, su inocencia y su alegría, está ayudando a los suyos a estar más unidos y ser mejores hijos y mejores hermanos.

LOS ABUELOS

En muy conveniente dedicar también unos momentos a hablar de *los abuelos,* hoy más abundantes en número por la mayor duración de la edad media de vida. «El número de ancianos se

144 Francisco, Audiencia general, 18 de febrero, 2015

ha multiplicado, pero nuestras sociedades no se han organizado lo suficiente para hacerles espacio, con justo respeto y concreta consideración a su fragilidad y dignidad. Mientras somos jóvenes, somos propensos a ignorar la vejez, como si fuese una enfermedad que hay que mantener alejada; cuando luego llegamos a ancianos, especialmente si somos pobres, si estamos enfermos y solos, experimentamos las lagunas de una sociedad programada a partir de la eficiencia, que, como consecuencia, ignora a los ancianos. Y los ancianos son una riqueza, no se pueden ignorar».

Aquí señala el Papa un aspecto muy importante del ambiente familiar, que se ha de cuidar más. El modo en que se trate a los ancianos es un índice del tipo de sociedad en que vivimos. Citando a Benedicto XVI, en una visita a una casa para ancianos, decía: «La calidad de una sociedad, quisiera decir de una civilización, se juzga también por cómo se trata a los ancianos y por el lugar que se les reserva en la vida en común» (12-XI-2012)».

Añade el Papa Francisco: «Es verdad, la atención a los ancianos habla de la calidad de una civilización. ¿Se presta atención al anciano en una civilización? ¿Hay sitio para el anciano? Esta civilización seguirá adelante si sabe respetar la sabiduría, la sabiduría de los ancianos. En una civilización en la que no hay sitio para los ancianos o se los descarta porque crean problemas, esta sociedad lleva consigo el virus de la muerte».

«En Occidente, los estudiosos presentan el siglo actual como *el siglo del envejecimiento*: los hijos disminuyen, los ancianos aumentan. Este desequilibrio nos interpela, es más, es un gran desafío para la sociedad contemporánea».

¿Cómo reaccionamos ante esta realidad evidente, con este desequilibrio que sigue en progresión creciente? «Constatamos que una cultura de la ganancia insiste en presentar a los ancianos como un peso, un «estorbo». No sólo no producen, piensa esta cultura, sino que son una carga» ¿Qué hacemos entonces?

Los ancianos «se descartan. Es feo ver a los ancianos descartados, es algo feo, es pecado. No se dice abiertamente, pero se hace. Hay algo de cobardía en ese *habituarse a la cultura del descarte*, pero estamos acostumbrados a descartar gente. Queremos borrar nuestro ya crecido miedo a la debilidad y a la vulnerabilidad; pero actuando así aumentamos en los ancianos la angustia de ser mal soportados y abandonados». Contemplamos «una civilización que no les permite participar, dar su parecer, ni ser referentes según el modelo de consumo donde «sólo los jóvenes pueden ser útiles y pueden gozar». Estos ancianos, en cambio, deberían ser, para toda la sociedad, la reserva de sabiduría de nuestro pueblo».

Cuenta el Papa una historia que aprendió de su abuela: un hogar en el que el abuelo ya no comía bien, se manchaba y no resultaba agradable para los demás. Entonces su hijo (padre de familia) decidió hacerle una mesita en la cocina para que comiese solo. Un día este padre vio que su hijo pequeño estaba haciendo algo con unas maderas, un martillo y unos clavos. El padre le preguntó qué hacía y su hijo le respondió: ? «–Hago una mesa, papá. –Una mesa, ¿para qué? –Para tenerla cuando tú seas anciano, así tú podrás comer allí». Los niños tienen más conciencia que nosotros».

«En la tradición de la Iglesia existe un *bagaje de sabiduría* que siempre sostuvo una cultura de *cercanía a los ancianos*, una disposición al acompañamiento afectuoso y solidario en esta parte final de la vida. Esa tradición tiene su raíz en la Sagrada Escritura, como lo atestiguan, por ejemplo, estas expresiones del Libro del Sirácides: «No desprecies los discursos de los ancianos, que también ellos aprendieron de sus padres; porque de ellos aprenderás inteligencia y a responder cuando sea necesario» (*Sir* 8, 9).

La Iglesia no puede y no quiere conformarse a una mentalidad de intolerancia, y mucho menos de indiferencia y desprecio, respecto a la vejez. Debemos despertar el *sentido colectivo de gratitud*, de aprecio, de hospitalidad, que hagan sentir al anciano parte viva de su comunidad.

Los ancianos son hombres y mujeres, padres y madres que estuvieron antes que nosotros en el mismo camino, en nuestra misma casa, en nuestra diaria batalla por una vida digna. Son hombres y mujeres de quienes recibimos mucho. El anciano no es un enemigo. El anciano somos nosotros: dentro de poco, dentro de mucho, inevitablemente de todos modos, incluso si no lo pensamos. Y si no aprendemos a tratar bien a los ancianos, así nos tratarán a nosotros»[145].

«El Señor no nos descarta nunca. Él nos llama a seguirlo en cada edad de la vida, y también *la ancianidad contiene una gracia y una misión*, una verdadera *vocación* del Señor. La ancianidad es una vocación. No es aún el momento de «abandonar los remos en la barca». Este período de la vida es distinto de los anteriores, no cabe duda; debemos también un poco «inventárnoslo», porque nuestras sociedades no están preparadas, espiritual y moralmente, a dar al mismo, a este momento de la vida, su valor pleno»

¿Qué pueden aprender de los abuelos los hijos y los nietos, qué les pueden aportar?: «De los abuelos los hijos y los nietos han de aprender el testimonio de la fidelidad, tan importante. Y apoyarnos en la oración de ellos. *La oración de los abuelos y los ancianos es un gran don para la Iglesia,* es una riqueza. Una gran inyección de sabiduría también para toda la sociedad humana: sobre todo para la que está demasiado atareada, demasiado ocupada, demasiado distraída».

El Papa recuerda el ejemplo de Benedicto XVI, que «eligió pasar en la oración y en la escucha de Dios el último período de su vida. ¡Es hermoso esto! Un gran creyente del siglo pasado, de tradición ortodoxa, Olivier Clément, decía: «Una

145 Francisco, Audiencia general, 4 de marzo, 2015

civilización donde ya no se reza es una civilización donde la vejez ya no tiene sentido. Y esto es aterrador, nosotros necesitamos ante todo ancianos que recen, porque la vejez se nos dio para esto»[146]. Necesitamos ancianos que recen porque la vejez se nos dio precisamente para esto. La oración de los ancianos es algo hermoso.

LOS NIÑOS

Terminamos este repaso a todos los que integran la familia haciendo algunas reflexiones sobre *los niños* (aunque se podría hablar también de las personas que trabajan en el hogar como asistentas, señoras de compañía, etc).

Los niños «son un gran don para la humanidad, pero son también los grandes excluidos porque ni siquiera les dejan nacer» en muchos países del mundo. Y «muchos de ellos viven en condiciones no dignas... En efecto, del modo en el que son tratados los niños se puede juzgar a la sociedad, pero no sólo moralmente, también sociológicamente, si se trata de una sociedad libre o una sociedad esclava de intereses internacionales.

«En primer lugar, los niños nos recuerdan que todos, en los primeros años de vida, hemos sido totalmente dependientes de los cuidados y de la benevolencia de los demás. Y el Hijo de Dios no se ahorró este paso. Es el misterio que contemplamos cada año en Navidad»

Leemos en el Evangelio la predilección especial del Señor por los niños : «Cuidado con despreciar a uno de estos pequeños, porque os digo que sus ángeles están viendo siempre en los cielos el rostro de mi Padre celestial» (*Mt* 18, 10).

«Por lo tanto, los niños son en sí mismos una riqueza para la humanidad y también para la Iglesia, porque nos remiten

146 Ibidem

constantemente a la condición necesaria para entrar en el reino de Dios: la de no considerarnos autosuficientes, sino necesitados de ayuda, amor y perdón. Y todos necesitamos ayuda, amor y perdón».

Por otra parte, los niños nos recuerdan también otras cosas muy importantes para toda nuestra vida: «nos recuerdan que somos siempre hijos: incluso cuando se llega a la edad de adulto, o anciano, también si se convierte en padre, si ocupa un sitio de responsabilidad, por debajo de todo esto permanece la identidad de hijo. Todos somos hijos. Y esto nos reconduce siempre al hecho de que la vida no nos la hemos dado nosotros mismos sino que la hemos recibido. El gran don de la vida es el primer regalo que nos ha sido dado».

Los niños aportan otros muchos dones a la sociedad: «su modo de ver la realidad, con una mirada confiada y pura. El niño tiene una confianza espontánea en el papá y en la mamá; y tiene una confianza natural en Dios, en Jesús, en la Virgen. Al mismo tiempo, su mirada interior es pura, aún no está contaminada por la malicia, la doblez, las «incrustaciones» de la vida que endurecen el corazón».

«Los niños —en su sencillez interior— llevan consigo, además, la capacidad de recibir y dar ternura. Ternura es tener un corazón «de carne» y no «de piedra», come dice la Biblia (cf. *Ez* 36, 26)».

«Los niños sonríen espontáneamente y lloran espontáneamente. Depende siempre del corazón, y con frecuencia nuestro corazón se bloquea y pierde esta capacidad de sonreír, de llorar. Entonces, los niños pueden enseñarnos de nuevo a sonreír y a llorar».

«Los niños traen vida, alegría, esperanza, incluso complicaciones. Pero la vida es así. Ciertamente causan también preocupaciones y a veces muchos problemas; pero es mejor una sociedad con estas preocupaciones y estos problemas, que una sociedad triste y gris porque se quedó sin niños. Y cuando vemos que el número de nacimientos de una sociedad llega apenas al uno por ciento, podemos decir que esta sociedad es triste, es gris, porque se ha quedado sin niños»[147].

El Papa nos habla ahora de lo que él llama «historias de pasión» de los niños: las tragedias de tantos niños en todo el mundo.

«Numerosos niños desde el inicio son rechazados, abandonados, les roban su infancia y su futuro. Alguno se atreve a decir, casi para justificarse, que fue un error hacer que vinieran al mundo. ¡Esto es vergonzoso! No descarguemos sobre los niños nuestras culpas, ¡por favor! Los niños nunca son «un error». Su hambre no es un error, como no lo es su pobreza, su fragilidad, su abandono —tantos niños abandonados en las calles; y no lo es tampoco su ignorancia o su incapacidad—; son tantos los niños que no saben lo que es una escuela. Si acaso, estos son motivos para amarlos más, con mayor generosidad. ¿Qué hacemos con las solemnes declaraciones de los derechos humanos o de los derechos del niño, si luego castigamos a los niños por los errores de los adultos?»

El Papa hace una seria llamada a la responsabilidad de los que gobiernan, y de los adultos en general: «Quienes tienen la tarea de gobernar, de educar, pero diría todos los adultos, somos responsables de los niños y de hacer cada uno lo que puede para cambiar esta situación. Me refiero a la «pasión» de los niños. Cada niño marginado, abandonado, que vive en la calle mendigando y con todo tipo de expedientes, sin escuela, sin atenciones médicas, es un grito que se eleva a Dios y que acusa al sistema que nosotros adultos hemos construido».

En los países pobres «estos niños son presa de los delincuentes, que los explotan para vergonzosos tráficos o comercios, o adiestrándolos para la guerra y la violencia». Pero también en

147 Francisco, Audiencia general, 18 de marzo, 2015

los países ricos «muchos niños viven dramas que los marcan de modo significativo, a causa de la crisis de la familia, de los vacíos educativos y de condiciones de vida a veces inhumanas. En cada caso son infancias violadas en el cuerpo y en el alma. ¡Pero a ninguno de estos niños los olvida el Padre que está en los cielos! ¡Ninguna de sus lágrimas se pierde! Como tampoco se pierde nuestra responsabilidad, la responsabilidad social de las personas, de cada uno de nosotros, y de los países».

«Con demasiada frecuencia caen sobre los niños las consecuencias de vidas desgastadas por un trabajo precario y mal pagado, por horarios insostenibles, por transportes ineficientes... Pero los niños pagan también el precio de uniones inmaduras y de separaciones irresponsables: ellos son las primeras víctimas, sufren los resultados de la cultura de los derechos subjetivos agudizados, y se convierten luego en los hijos más precoces. A menudo absorben violencias que no son capaces de «digerir», y ante los ojos de los grandes se ven obligados a acostumbrarse a la degradación».

En medio de estas tragedias señala el Papa una consoladora realidad: «Es verdad que gracias a Dios los niños con graves dificultades encuentran con mucha frecuencia padres extraordinarios, dispuestos a todo tipo de sacrificios y a toda generosidad. ¡Pero estos padres no deberían ser dejados solos! Deberíamos acompañar su fatiga», y las instituciones públicas deberían valorar más la necesidad de ayudar a estas familias.

Hablemos ahora sobre un tema muy importante: *las promesas que hacemos a los niños.* No de las promesas sobre pequeñas cosas de la vida diaria (hacerles un regalo si se portan bien, etc); sino de «las promesas más importantes, decisivas para lo que esperan de la vida, para su confianza en los seres humanos, para su capacidad de concebir el nombre de Dios como una bendición»[148].

---

148 Francisco, Audiencia general, 14 de octubre, 2015

Todos decimos que los niños son una promesa de la vida y que son *nuestro* futuro. «Pero me pregunto, a veces, si somos también serios con *su* futuro, ¡con el futuro de los niños, con el futuro de los jóvenes!»

«Nosotros prometemos amor, es decir, el amor que se expresa en la acogida, el cuidado, la cercanía, la atención, la confianza y la esperanza, pero la gran promesa es el amor. Este es el modo más adecuado para acoger a un ser humano que viene al mundo. Los niños vienen al mundo y esperan tener confirmación de esta promesa: lo esperan en modo total, confiado, indefenso».

Cuando sucede lo contrario, cuando los niños no encuentran, no tienen ese clima de amor que necesitan y —sin pensarlo— esperan «son heridos por un «escándalo», por un escándalo insoportable, más grave, en cuanto no tienen los medios para descifrarlo. No pueden entender qué cosa sucede. Dios vigila esta promesa, desde el primer instante. ¿Recodáis qué dice Jesús? Los ángeles de los niños reflejan la mirada de Dios, y Dios no pierde nunca de vista a los niños (cf. *Mt* 18, 10). ¡Ay de aquellos que traicionan su confianza, ay! Su confiado abandono a nuestra promesa, que nos compromete desde el primer instante, nos juzga».

Ahora añade el Papa otra consideración muy importante: «la espontánea confianza (de los niños) en Dios nunca debería ser herida, sobre todo cuando eso ocurre con motivo de una cierta presunción (más o menos inconsciente) de ocupar el lugar de Dios. La tierna y misteriosa relación de Dios con el alma de los niños no debería ser nunca violada. Es una relación real que Dios quiere y Dios la cuida».

El Papa afirma que «el niño está listo desde el nacimiento para sentirse amado por Dios, está listo para esto. Apenas es capaz de sentirse que es amado por sí mismo, un hijo siente también que hay un Dios que ama a los niños».

Comenta también cómo van percibiendo los niños el amor de modo espontaneo y natural: «Los niños, apenas nacidos, comienzan a recibir como don, junto a la comida y los cuidados, la confirmación de las cualidades espirituales del amor. Los actos de amor pasan a través del don del nombre personal, el lenguaje compartido, las intenciones de las miradas, las iluminaciones de las sonrisas. Aprenden así que la belleza del vínculo entre los seres humanos apunta a nuestra alma, busca nuestra libertad, acepta la diversidad del otro, lo reconoce y lo respeta como interlocutor».

Hablemos ahora de «un segundo milagro, una segunda promesa: nosotros —papá y mamá— ¡nos donamos a ti, para que tú te dones a ti mismo! Y esto es amor, ¡que trae una chispa del de Dios! Y vosotros, papás y mamás, tenéis esta chispa de Dios que dais a los niños, vosotros sois instrumento del amor de Dios y esto es bello, bello, bello».

Para que los papás y las mamás tengan esa «chispa de Dios» hay un requisito necesario: mirar a los niños «con los ojos de Jesús».

Por último, recordemos que «la Iglesia misma, en el Bautismo, a los niños les hace grandes promesas, con las que compromete a los padres y a la comunidad cristiana». Y los padres deben saber ayudar a sus hijos a que puedan beneficiarse de esas promesas: la vida de la gracia, los sacramentos, el trato con Dios y su Madre la Virgen.

C. «Luces y sombras» de la institución familiar, hoy

Consideremos algunos de los problemas que afectan a la situación de la familia en nuestros días: las *luces* y las *sombras* que es necesario conocer, para librarse en lo posible de las influencias negativas que hoy se dan, y tratar de superarlas.

LAS LUCES «SILENCIOSAS» Y OTROS LOGROS

Entre los aspectos positivos relacionados con la familia pueden citarse la conciencia más viva de la igualdad de derechos del hombre y la mujer[149]; advertir las dificultades por las que atraviesa hoy la familia y, por tanto, la necesidad de conocerse y compenetrarse muy bien marido y mujer para estar unidos y educar eficazmente a los hijos; también es positivo poder disponer de más medios culturales y económicos que en épocas pasadas, que permiten atender adecuadamente las necesidades familiares; y la mayor protección a la familia, y en especial a las familias numerosas en algunos países, aunque queda mucho por hacer en tantos aspectos, etc. Pueden también citarse la mayor atención a las personas mayores, ancianos y enfermos por parte de las instituciones sociales, y el reconocimiento de la dignidad que les corresponde, así como la utilidad de sus consejos, por la gran experiencia acumulada durante años, que les hace «depositarios de la memoria colectiva»[150]. Y en fin, la atención a los numerosos inmigrantes que, en busca de

149 cfr. Juan Pablo II, Carta Apost. *Mulieris dignitatem*, 1988

150 Juan Pablo II ha recordado este deber en la Carta a los Ancianos, 1999, en el año que la ONU quiso dedicar a los ancianos. «La infancia y la juventud son el periodo en el cual el ser humano está en formación, vive proyectado hacia el futuro y, tomando conciencia de sus capacidades, hilvana proyectos para la edad adulta... La vejez... 'acrecienta la sabiduría, da consejos más maduros'. En cierto sentido, es la época privilegiada de aquella sabiduría que generalmente es fruto de la experiencia, porque 'el tiempo es un gran maestro. Es bien conocida la oración del salmista: 'enséñanos a calcular nuestros años, para que adquiramos un corazón sensato' (Sal 90,12)». (n.5). Y más adelante escribe: «Los ancianos ayudan a ver los acontecimientos terrenos con más sabiduría, porque las vicisitudes de la vida los han hecho expertos y maduros. Ellos son depositarios de la memoria colectiva y, por eso, interpretes privilegiados del conjunto de ideales y valores comunes que rigen y guían la convivencia social. Excluirlos es como rechazar el pasado, en el cual hunde sus raíces el presente, en nombre de una modernidad sin memoria. Los ancianos, gracias a su madura experiencia, están en condiciones de ofrecer a los jóvenes consejos y enseñanzas preciosas» (n. 10). En el

unas mejores condiciones de vida, se trasladan a otros países y continentes, en condiciones precarias y difíciles tantas veces. Aunque quede mucho por perfilar y mejorar en la legislación de este problema, de proporciones inimaginables hace unas décadas, la comunidad internacional —y por supuesto la Iglesia[151]— está siendo sensible al modo de resolver la atención de esas numerosísimas personas, que esos mismos países necesitan para muchos trabajos por la disminución de la natalidad. Entre otras cosas, habría que conseguir que esos traslados no supongan un peligro real para la vida de ninguno, y tampoco la pérdida de las creencias religiosas.

---

extremo contrario a lo que aquí se recuerda, está la inhumana legalización de la eutanasia en algunos países, de la que no nos vamos a ocupar aquí.

151 La Comisión Católica Internacional para las Migraciones, fundada por iniciativa de la Santa Sede, celebra su cincuentenario el 2001. En el C. Vaticano II, en el Dec. *Christus Dominus* se habla de la atención especial a «emigrantes, exilados y prófugos» (n. 18). Entre los documentos más recientes, cfr. por ejemplo «Los inmigrantes, un desafío para la Iglesia», Mensaje de Juan Pablo II con ocasión de la 87° Jornada Mundial de las Migraciones. Entre otras cosas, el Pontífice recuerda el «derecho a emigrar, en el doble aspecto de la posibilidad de salir del propio país y la posibilidad de entrar en otro, en busca de mejores condiciones de vida», aunque «este derecho ha de ser reglamentado, porque una aplicación indiscriminada ocasionaría daño y perjuicio al bien común de las comunidades que acogen al emigrante (...), sin embargo, el criterio para determinar el límite de soportabilidad no puede ser la simple defensa del propio bienestar, descuidando las necesidades reales de quienes tristemente se ven obligados a solicitar hospitalidad» (n. 3)« El Papa se refiere también a la atención pastoral o espiritual de estas personas, para que no sólo no pierdan la fe, sino que oportunamente puedan difundirla; y el respeto al propio patrimonio cultural (n.4) Recuerda también los criterios a tener en cuenta con los inmigrantes no cristianos en países de antigua tradición cristiana (n. 7). «¿Cómo es posible que, en nuestro tiempo, haya todavía quien se muere de hambre; quien está condenado al analfabetismo; quien carece de la asistencia médica más elemental; quien no tiene donde cobijarse?» Juan Pablo II, Carta Apost. *Novo Millennio ineunte*, 2001, n. 50. Este texto, aunque no dirigido directamente a los inmigrantes, sino a las formas de pobreza en general, los incluye también. Los Obispos españoles y de otros países, han hablado también con frecuencia sobre la necesidad de atender a los inmigrantes (cfr. por ej., Ecclesia, 24-II-2001, pág. 12).

Indudablemente hay que poner entre las *luces,* de la familia de hoy y de la de todos los tiempos, la existencia de una *muchedumbre «silenciosa» de familias que viven con amor, unidas,* por lealtad y honradez humanas si no son cristianos y por fidelidad al sacramento del matrimonio recibido si lo son. Estas familias no serán casi nunca noticia, como no lo es en general hacer el bien calladamente, pero con su ejemplo son «escuela» de formación para sus hijos y otras muchas familias que las tienen como punto de referencia por los valores humanos y cristianos que ven en ellas. No podemos olvidar que el bien vale objetivamente mucho más que el mal, y que aunque la «cantidad» de mal presente en el mundo en un momento dado pueda ser superior a la «cantidad» de bien, la «calidad» del bien, el valor real, supera infinitamente la maldad del mal. Teológicamente podríamos decir que la abundancia de la gracia supera ampliamente al pecado: «donde abundó el delito sobreabundó la gracia»[152]. Vale la pena recordarlo en momentos en los que puede parecer que el balance entre el bien y el mal —las luces y las sombras—, las familias normales e incluso ejemplares y modélicas son menos que las rotas o anormales.

No obstante, las *sombras* son numerosas y preocupantes, y han de conocerse bien si no se quiere incurrir en ellas. El cuadro puede resultar algo sombrío, pero desde la fe hay siempre motivos para la esperanza. Nos limitaremos a los aspectos de mayor trascendencia.

LA MENTALIDAD DIVORCISTA

No estudiaremos aquí el divorcio, sino algunos puntos relacionados con él que nos parecen más oportunos: concretamente, la difusión de la mentalidad divorcista y los intentos de atribuir

---

152 Rom 5,20

a una supuesta nulidad del matrimonio la causa de los conflictos matrimoniales. Empecemos por el primero.

Hay una *pérdida de conciencia de la capacidad del hombre en adquirir compromisos para toda la vida*, por lo que a muchos les cuesta creer que puedan comprometerse para siempre en el matrimonio. Por la secularización de la concepción del matrimonio, incluso algunos cristianos practicantes ven el matrimonio como algo exclusivamente natural, ajeno a la fe, o a lo sumo la fe le añadiría una fuerza extrínseca. Esta mentalidad lleva fácilmente a ver el matrimonio como un contrato entre dos particulares y por tanto dependiente de la voluntad de los contrayentes, por lo que el divorcio se considera un derecho[153]. Por eso estas personas, si aparecen los problemas matrimoniales, son propensas a la separación y a la «epidemia del divorcio»[154], porque, en el fondo no creen en la indisolubilidad del matrimonio; desde luego no creen que la indisolubilidad

---

153 cfr. C.E. Española, Instruc. Pastoral *La familia...*, o.c, nn. 89 y 90. Hemos señalado antes que esta situación se agrava cuando el divorcio puede solicitarse por una de las partes, a los pocos meses de haber contraído matrimonio, y sin necesidad de aducir ninguna causa. Esas legislaciones no sólo no protegen el vínculo matrimonial, sino que facilitan al máximo su ruptura, como si la estabilidad matrimonial no fuera un bien social que interesa proteger. Según el Instituto de Política Familiar (IPF) en su informe sobre la «Evolución de la Familia en España en 2006» el número de rupturas matrimoniales en ese año ha sido de 160.000, lo que supone un incremento del 13 % sobre el 2005. Según el IPF, en el 2010 se prevé que el número de rupturas iguale al de matrimonios contraídos en ese año (cfr. Ecclesia, 17-II-2007, pág. 11).

154 C. Vaticano II, Const. past.*Gaudium et spes*, n. 47. En EEUU el número de hijos que nacen al margen del matrimonio supera la tercera parte del total. La cifra es ya tan alta, que según señalaba hace años un diario americano (*The Washington Post*, 2.XI.93), la expresión «hijo ilegítimo» algunos la califican de anacrónica, y les resulta malsonante porque supone —dicen— un juicio de valor. Pero tal vez no haya más remedio que resucitar los juicios de valor que hay detrás de ese término si se quiere detener el ascenso que reflejan las estadísticas. En España, a finales del siglo anterior estábamos aún lejos de estas cifras: 9 de cada 10 hijos nacían dentro del matrimonio (Encuesta de Fecundidad del Inst. Nac. de Estadística, 1999; cfr. Aceprensa 10-I-2001), pero en los últimos años este porcentaje se ha duplicado.

sea una propiedad natural del mismo: si el amor se termina, lo mejor es separarse y quedar libre de buscar otro cónyuge. Falta la capacidad de reconocer las propias culpas y la capacidad de recomenzar. Y le suele faltar más capacidad precisamente al cónyuge culpable que al inocente.

Una consecuencia más de la dificultad en comprometerse para siempre es la defensa del *«matrimonio a prueba»*, como primer paso para llegar después al verdadero matrimonio, en el caso de que la experiencia resulte positiva. Pero «la misma razón humana insinúa ya su no aceptabilidad, indicando que es poco convincente que se haga un 'experimento' tratándose de personas humanas, cuya dignidad exige que sean siempre y únicamente término de un amor de donación, sin límite alguno ni de tiempo ni de otras circunstancias»[155]. Las relaciones prematrimoniales confunden la «prueba sexual» como medio para seguir manteniendo un afecto, con la verdadera entrega conyugal.[156]

Pero es conveniente resaltar que tanto la mentalidad divorcista como las uniones de hecho de las que hablaremos después

---

155 Juan Pablo II, Exh. Apost. *Familiaris consortio*, n. 80. Algunos autores americanos estudiaron una previsión de lo que sería la familia americana en el año 2000 y señalaban que podrían distinguirse tres tipos de familias: las de primeros matrimonios, que responde al tipo tradicional (mientras no se rompa ese vínculo), las familias monoparentales (sólo el padre o la madre con los hijos) y las de los casados en segundas y terceras nupcias. Según estos modelos —que no son incompatibles, de hecho— será frecuente que una persona comience por vivir varios años con su padre y su madre; después, sólo con su madre divorciada; luego con su madre vuelta a casar; luego solos, una vez emancipado hacia los 18 ó 20 años; luego convivirán con alguien sin casarse; se casarán posteriormente con esa u otra persona y se divorciarán; de nuevo viven solos hasta que se vuelvan a casar; vuelven a vivir solos cuando enviuden y se divorcien de nuevo y terminarán sus días en un hogar de la tercera edad (cfr. Andrew Cherlin y Frnak (Jr) Furstenberg: *The shape of the American Family in the year 2000*, TAP 22, Washington D.C., 1982. Esas previsiones parecen bastante acertadas, desgraciadamente, en un porcentaje no pequeño de personas.

156 Instruc. Pastoral *La familia...* , o.c., n. 65

no suponen, necesariamente, una descalificación de la institución matrimonial, porque lo más frecuente es considerar el divorcio como un fracaso del matrimonio, que se desearía haber podido mantener; de otra parte, la mayor parte de los divorciados se vuelven a casar; y las uniones de hecho, mientras se mantienen, tienden a asemejarse, al menos externamente, al matrimonio[157].

LA SUPUESTA NULIDAD DE LOS MATRIMONIOS CONFLICTIVOS

Detengámonos ahora a comentar la actitud creciente de pensar, cuando surgen problemas en la convivencia conyugal, que el matrimonio no ha sido válido, y se ponen en marcha procesos canónicos para tratar de demostrar la supuesta la nulidad, que les permitiría orientar de nuevo sus vidas con tranquilidad de conciencia, tal vez en un segundo matrimonio. Digamos ya de entrada que son dos situaciones claramente diferenciables y no necesariamente coincidentes la conflictividad de un matrimonio y su validez. Habrá que considerar cada caso, pero lo más habitual es que los posibles problemas de convivencia que pueden surgir en un matrimonio se deban a causas que nada tienen que ver con la validez o nulidad de dicho matrimonio.

Como es sabido, en esos casos de graves problemas en la convivencia en los que alguno de los cónyuges piensa que el matrimonio puede haber sido nulo, lo más habitual es acudir al canon 1095 que se refiere a los que son incapaces de contraer

157 En España, datos estadísticos señalan que el 90 % de los entrevistados coinciden en afirmar que aquello por lo que más a gusto sacrificarían sus propias vidas es precisamente por la familia. Otras encuestas comprueban que la familia es importantes para el 98,9 % de los encuestados, por delante del trabajo, los amigos y el tiempo libre: cfr. *Encuesta Europea de Valores, 1981-1999*, en Aceprensa 31.I.01

matrimonio, entre los que se encuentran «los que tienen un grave defecto de discreción de juicio acerca de los derechos y deberes esenciales del matrimonio que mutuamente se han de dar y aceptar» (nº 2) y «quienes no pueden asumir las obligaciones esenciales del matrimonio por causa de naturaleza psíquica» (nº 3).

Estos dos casos son parecidos, y a veces resulta difícil delimitarlos. Resumidamente podríamos decir que en el primer supuesto se trata de vicios que impiden el juicio crítico sobre la propia actuación, por graves trastornos de índole afectiva o sentimental que les incapacitan para la entrega y aceptación de los derechos y deberes matrimoniales. En el segundo caso se trata de personas que podríamos llamar normales en cuanto al funcionamiento de su inteligencia y su voluntad, y a pesar de ello no pueden asumir ni cumplir los deberes conyugales por causa de naturaleza psíquica. Pero eso no quiere decir que se trate necesariamente de enfermedades psíquicas en sentido estricto; la incapacidad puede deberse también a malos hábitos contraídos, por ejemplo en el campo de la sexualidad, o del carácter, pero que de hecho les hace imposible cumplir sus obligaciones matrimoniales.

En uno de estos dos supuestos —más en el último— es en el que se apoyan para justificar la nulidad, por supuesta incapacidad del cónyuge para asumir sus obligaciones; ahí estaría la causa —piensan— de las desavenencias conyugales a las que no ven solución, por lo que cuanto antes se demuestre la nulidad del matrimonio —no pensaban así antes de que surgieran los problemas—, mejor.

Es evidente que puede haber y de hecho hay casos de verdadera incapacidad para casarse, y quizás más en tiempos, como estos, de menos valores morales y éticos, que tanto influyen en las costumbres de vida, en la formación del carácter y la conciencia, en la necesidad del esfuerzo para alcanzar la madurez necesaria, etc. Pero también es cierto que hoy se plantean dudas acerca de esa capacidad que antes, en circunstancias semejantes, no se planteaban porque muchos matrimonios eran más conscientes de sus obligaciones y de la necesidad de esforzarse para vivirlas, y no se les ocurría pensar que los problemas conyugales se debieran a incapacidad real e insuperable para vivir el matrimonio[158]. Cuando hay causas legítimas importantes y mantenidas que hacen prácticamente imposible la convivencia —adulterio, grave detrimento corporal o espiritual del cónyuge o de los hijos y abandono malicioso[159]—, está permitida por la Iglesia la *separación* física de los esposos y el fin de la cohabitación, aunque los esposos no cesan de ser marido y mujer delante de Dios y no son libres para contraer una nueva unión. La mejor solución, si es posible, es la reconciliación y la vuelta a la convivencia[160].

No es éste lugar para entrar a fondo en el estudio de este problema, pero por su frecuencia y trascendencia no podemos dejar de referirnos a los aspectos fundamentales a los que tanta atención ha prestado el Romano Pontífice en sus discursos a la Rota Romana acerca del *concepto de «normalidad psíquica»* en orden al cumplimiento de las obligaciones matrimoniales, así como de los errores o abusos más habituales que deben evitarse en los procesos de supuesta nulidad, tanto en los informes periciales psicológicos como en el valor que les dé el tribunal que juzga la causa[161].

Para empezar, conviene recordar que el concepto de «normalidad psíquica», sea cual sea la definición que den las

158 «Las pruebas nunca faltan en la vida de todas las parejas, pero en el plan divino están destinadas a afianzar el amor y a proporcionar una fecundidad a la vida conyugal». Juan Pablo II, Aud. general 3.VIII.94.

159 cfr. *Código de Derecho Canónico*, c. 1151. Comentario a este canon en la edición de la Universidad de Navarra.

160 cfr. *Catecismo de la Iglesia Católica*, n. 1649

161 cfr. entre otros textos, Discursos de Juan Pablo II al Tribunal de la Rota del 5-II-1987 y 25-I-1988, de donde tomamos las ideas que aquí exponemos.

ciencias psicológicas y psiquiátricas, con respecto al matrimonio cristiano ha de ser verificada a la luz de la antropología cristiana. Esto significa que la «normalidad» no debe referirse sólo a la dimensión terrena y natural de la persona, es decir a lo que es perceptible por las mismas ciencias humanas como tales, sino que ha de tener en cuenta el concepto integral de la persona, su dimensión eterna y los valores trascendentes de naturaleza religiosa y moral. Esta visión completa y trascendente de la persona, lleva a ver la «herida interior» consecuencia del pecado, y por tanto con «resistencia y dificultades» en su camino existencial, tanto a nivel consciente como subconsciente, que se manifiestan en la vida psíquica ordinaria. Pero cuenta también con la ayuda de la gracia, y concretamente la del sacramento del matrimonio.

Por tanto, en el concepto de normalidad canónica se cuenta con que la normal condición humana «comprende también moderadas formas de dificultad psicológica», pero no se olvida la ayuda del Espíritu, que nos permite caminar «en las tribulaciones y a costa de renuncias y sacrificios». Sin esta visión integral del hombre, «a nivel teórico la normalidad se convierte en un mito, y a nivel práctico se acaba por negar a la mayoría de las personas la posibilidad de prestar un consentimiento válido». Es mucho más real pensar que la gran mayoría de matrimonios que tengan dificultades de convivencia «son personas sustancialmente normales» que pueden superarlas «si no hay un rechazo de la lucha y del sacrificio».

Otro error consiste en la *«indebida super-valoración del concepto de capacidad matrimonial»* por parte de los psicólogos, porque consideran que esa capacidad no es la mínima suficiente para un consentimiento válido, sino que debe ser una «plena madurez». Sin duda ese ideal es deseable en todas las personas, casadas o no, pero no es exigible para la validez del consentimiento matrimonial; en ese caso, repito, muy pocas personas podrían casarse válidamente.

También se debe *evitar el error de limitarse a exponer los hechos, como si no pudieran haber sido de otra manera*, como si los cónyuges no tuvieran «arte ni parte» en ellos: hay que pensar en la responsabilidad personal de cada cónyuge, en qué medios se pusieron para evitarlos y qué medios se pueden poner para superarlos. Y, por supuesto, «hay que tomar en consideración todas las hipótesis para explicar el fracaso del matrimonio..., y no sólo la derivada de la psicopatología, porque la raíz puede ser otra, dejando más claro que el matrimonio fue válido y que los problemas posteriores no se deben a esa supuesta invalidez.

Algunos cónyuges con problemas no pensarían en la invalidez si no estuvieran influenciados por peritos que tienen una visión psicológica del hombre incompatible con la antropología cristiana, y por tanto una visión errónea del matrimonio. Hay corrientes psicológicas actuales —mejor llamarles así, en vez de «modernas», porque de hecho son errores antiguos que vuelven a estar de moda— que «parten de la idea pesimista según la cual el hombre no podría concebir otras aspiraciones que aquellas impuestas por sus impulsos, o por condicionamientos sociales; o, al contrario, de la idea exageradamente optimista según la cual el hombre tendría en sí y podría alcanzar por sí mismo su propia realización». Estas *psicologías* se podrían llamar *mecanicistas, conductistas, biologistas, y voluntaristas un tanto kantianas o pelagianas.* Sea como fuere, son «psicologías cerradas a los valores y significados que trascienden al dato inmanente»; no admiten que el hombre pueda «orientarse hacia el amor de Dios y del prójimo como a su última vocación», aunque se encuentre con la dificultad interior, consecuencia del pecado de origen y los pecados personales.

Estas personas —cónyuges o peritos— tienen una *visión reducida y empobrecida del matrimonio*: «la unión conyugal sería simple medio de gratificación o de autorrealización, o de descarga psicológica». Ante esa visión del matrimonio, «cualquier obstáculo que requiera esfuerzo, empeño o renuncia, y todavía más, cualquier fracaso de hecho de la unión conyugal se convierte fácilmente en la confirmación de la imposibilidad de los cónyuges para reaccionar rectamente y para realizar su matrimonio».

Ante estos errores, teóricos y prácticos, es necesario recordar que «*el fracaso de la unión conyugal no es en sí mismo jamás una prueba para demostrar la incapacidad de los contrayentes*, que pueden haber descuidado, o usado mal, los medios naturales y sobrenaturales a su disposición, o que pueden no haber aceptado las limitaciones inevitables y el peso de la vida conyugal, sea por un bloqueo de naturaleza inconsciente, sea por leves patologías que no afectan a la sustancial libertad humana, sea por fin por deficiencias de orden moral».

Por tanto, de acuerdo con estos principios, «*la hipótesis sobre una verdadera incapacidad solo puede presentarse en presencia de una seria anomalía* que, sea como sea se la quiera definir, debe afectar sustancialmente a la capacidad del entendimiento y/o de la voluntad del contrayente», porque «sólo la *incapacidad* y no ya la *dificultad* para prestar el consentimiento y para realizar una verdadera comunidad de vida y de amor, hace nulo el matrimonio».

Ante las posibles crisis conyugales, hay que presuponer, en principio, la validez del vínculo matrimonial, y poner los medios para superarlas, estando a favor del matrimonio, ayudando a los cónyuges a que se examinen con sinceridad y serenidad su conciencia y su conducta, tratando de apartar cualquier de deslealtad con respecto a los compromisos matrimoniales, y alentando la esperanza de recomponer lo que esté deteriorado.

Es posible que hoy, las mayores deficiencias en la formación cristiana de algunos contrayentes y la insuficiente preparación del sacramento del matrimonio, motiven que haya más cristianos que, al casarse, sean menos conscientes de los compromisos que asumen. Pero esas lagunas de formación no equivalen, sin más, a matrimonio nulo. Por otra parte, aún en el caso de ignorancia probada acerca de algún aspecto importante de los compromisos matrimoniales o por defecto de consentimiento que hubieran hecho nulo el matrimonio, los cónyuges no deben plantear la nulidad, sino reafirmar esos compromisos o corregir ese defecto, acudiendo a la *convalidación* o a la *sanación «in radice»*, tal como señala el Código de Derecho Canónico[162]. La Iglesia trata siempre de salvar los matrimonios en crisis: por eso concede al juez la posibilidad «ex officio» de intentar la reconciliación de los cónyuges que plantean la nulidad en esos casos u otros semejantes[163].

Recordemos, para terminar este apartado, que a pesar de las dificultades, la persona humana tiene siempre la posibilidad de ser fiel a sus compromisos precisamente porque es libre. «Si el hombre es fiel es porque es libre, y no esclavo de sus instintos, ni del

---

162 C.D.C., c. 1156 y 1161. *La revalidación o convalidación simple* es el modo ordinario de revalidar el matrimonio. Consiste en la renovación del consentimiento matrimonial por una o por las dos partes, previa cesación de la causa de nulidad, sin necesidad de observar nuevamente la forma canónica. Se requiere, por tanto, que haya desaparecido el impedimento, y la renovación del consentimiento. La renovación del consentimiento puede hacerse en forma privada y sin ningún testigo. Produce los efectos desde el momento de la convalidación. *La sanación en raíz* es un medio extraordinario. Se distingue por ser un acto de la autoridad, en cuya virtud se reconoce el matrimonio celebrado, sin que sea necesaria la renovación del consentimiento; basta que el consentimiento persevere en el momento de la sanación. No es obstáculo que hubiera un defecto o vicio del consentimiento en el momento de contraer, si luego ese defecto o vicio se subsanó: la sanación puede concederse a partir de ese momento. Los efectos canónicos se producen con carácter retroactivo por una ficción legal. La sanación lleva consigo la dispensa del impedimento, si lo hubiera, y de la forma canónica, si no se observó. Se llama sanación en la raíz porque tiene su base en un consentimiento matrimonial anterior, que es la causa o raíz del matrimonio (cfr. *Comentario Exegético al C.D.C.* Eunsa, vol III, págs. 1603-1606 y 1623-1630).

163 «Antes de aceptar una causa y siempre que se vea alguna esperanza de éxito, el juez (eclesiástico) empleará medios pastorales para inducir a los cónyuges si es posible a convalidar su matrimonio y a restablecer la convivencia conyugal» (C.D.C., c. 1676)

ambiente, ni de su egoísmo... Un casado tiene el grave deber de custodiar los compromisos de su matrimonio por amor a Dios, a su cónyuge y a sus hijos (...) Por encima de los problemas, prevalece la decisión de querer cumplir la palabra dada delante de Dios y de los hombres, y vivir así indisolublemente unidos 'en la prosperidad y en la adversidad, en la salud, en la enfermedad..., todos los días de la vida'. Sin olvidar que la fidelidad es también una gracia que Dios concede a quienes se la piden constantemente»[164]

MENTALIDAD ANTINATALISTA

Detengámonos ahora en la mentalidad antinatalista, muy extendida hoy, que lleva a no reconocer, en la práctica, que los hijos sean un fin irrenunciable del matrimonio; o dicho de otro modo: lleva a *pensar, erróneamente, que el amor y la unión entre los esposos no tiene por qué verse afectado cuando deliberadamente se evita la procreación con cualquier método.* El egoísmo, raíz fundamental de esta mentalidad que lleva a evitar los hijos, necesariamente afectará también a las relaciones entre los esposos, separándoles, siendo fuente de rencillas, incomprensiones, caprichos, etc. Pero «no es el número por sí solo lo decisivo: tener muchos o pocos hijos no es suficiente para que una familia sea más o menos cristiana. Lo importante es la rectitud con que se viva la vida matrimonial. El verdadero amor mutuo trasciende la comunidad de marido y mujer, y se extiende a sus frutos naturales: los hijos. El egoísmo, por el contrario, acaba rebajando ese amor a la simple satisfacción del instinto y destruye la relación que une a padres e hijos»[165].

164 Juan José Espinosa, *El deber de custodiar la indisolubilidad del matrimonio*, Rev. Palabra, IV-2001, pág. 41

165 San Josemaría Escrivá, *Conversaciones con Mons. Escrivá*,n. 94.

Esta mentalidad suele ir unida a un apego excesivo al bienestar material, y una y otra causa «quitan a los esposos la generosidad y la valentía para suscitar nuevas vidas humanas; y así la vida no se ve ya como una bendición, sino como un peligro del que hay que defenderse»[166]. Y «una civilización inspirada en una mentalidad consumista y antinatalista no es ni puede ser nunca una civilización del amor»[167].

Una causa no menor de la disminución de hijos en el matrimonio es también la inestabilidad de la unión conyugal, de la que ya hemos hablado: la inseguridad de los esposos en cuanto a la duración de su matrimonio.

Junto a los motivos citados, es también frecuente que algunos padres piensen que no deben tener más hijos —aún siendo pocos los que tienen, por ejemplo, uno o dos— porque no podrían educarlos bien, ni dedicarles el tiempo necesario. Y lo formulan de una manera que a muchos tranquiliza: «es mejor tener uno o dos hijos bien educados que más mal educados». Pero no es cierto que haya una relación necesaria entre «a más hijos, peor educación»; más bien puede ser al contrario, cuando el escaso número se debe a egoísmo de los padres. No sin cierto fundamento de experiencia se suele hablar —aunque no tiene por qué ser así— del hijo único «caprichoso» y de la familia numerosa como escuela de formación.

Otra causa de disminución de la natalidad, que en cada caso habrá que valorar, es el trabajo de la mujer fuera del hogar[168]. La organización laboral no favorece, en general a

---

166 Juan Pablo II, Exh. Apostólica, *Familiaris consortio*, 1981, n. 6

167 Juan Pablo II, *Carta a las Familias*, n. 13

168 El trabajo de la madre influye en el número de hijos: según estadísticas del INE de 1999, las que se dedican al hogar tienen una media de 1,97 hijos; las que trabajan fuera por cuenta propia, 1,46; las asalariadas sólo tienen 0,91 hijos y las que no tienen trabajo fijo, 0,67.

la familia y concretamente a la maternidad: porque algunas mujeres renuncian a ella por motivos laborales (no perder el trabajo)[169]. Y el retraso en la edad de casarse[170] y la disminución del número de matrimonios[171].

Por todas éstas y quizá otras razones, se puede decir que «la paternidad y la maternidad se han convertido así en valores en baja, poco atractivos. La sociedad ni siquiera se preocupa ya de disimular esa anomalía (...). Generar un hijo no se considera ya algo indiscutiblemente bueno y deseable, sino una opción entre otras muchas posibles. Se admite que dar la vida a otro es algo incomparable; pero se considera que generar y educar un hijo más conlleva una tarea compleja y arriesgada, ante la que se hace balance de satisfacciones que proporciona y sacrificios que exige, para concluir a menudo que no vale la pena»[172].

Por el bien de los propios esposos, por el bien de la familia y por el bien de la sociedad, es necesario que los padres jóvenes pierdan el miedo a los hijos, descubran y amen más el gran valor

---

169 cfr. Instruc. Past. *La familia...*, o.c., n. 37

170 Entre 1980-85, la edad media de las mujeres que se casaban era de 22,6 años, y 25,3 los hombres. En 1990 pasó a ser de 24,6 y 27,5 respectivamente (cfr. S. del Campo, o.c., pág. 54). Al final de esa década (cfr. *Indicadores Sociales de España* de 2000, Aceprensa 2.II.2000), la edad media de las mujeres ascendió a 28 años y los varones pasan de los 30. En el 2006, la edad media de los hombres es 33 años y 30 la de las mujeres, según el Informe del Instituto de Política Familiar Español.

171 La tasa de nupcialidad en España (nº de matrimonios por mil habitantes) en 1980 era de 5,9 y en 2002 de 5,1 (en ese mismo periodo, en la Unión Europea ha bajado de 6,3 a 4,8). Y la fecundidad media en la Unión Europea en 2002 es de 1,5 hijos por mujer, y en España 1,25. Ningún país llega al 2,1 hijos/mujer necesarios para el recambio generacional (cfr. Eurostat, *First results of the demographic data colletion for 2003 in Europe*; en Aceprensa 15-IX-2004). En el 2006 el índice de natalidad en España, gracias sobre todo a las madres extranjeras, ha subido a 1,32 hijos por mujer, pero hay varias Comunidades con menos de 1 hijo por mujer (cfr. Informe del IPF sobre la Evolución de la Familia en España en 2006: *Ecclesia*, 17-II-2007, pág. 11)

172 Javier Echevarría, *Itinerarios de vida cristiana*, Ed. Planeta Testimonio, 2001, pág.158-159

de la paternidad y la maternidad, que pueden y deber ejercitar responsablemente[173], sopesando con prudencia las diversas circunstancias personales de edad, salud, situación económica, etc., pero siempre confiando en la Providencia, respetando la ley natural y la ley de Dios, no dejándose influir por la mentalidad imperante de nuestros días, y, como decía, dando prioridad a lo que significa el gran don de participar en la capacidad creadora de Dios a través de la procreación: «sed fecundos y multiplicaos, y llenad la tierra»[174]. Los esposos «no han tener miedo a expresar el cariño: al contrario, porque esa inclinación es la base de su vida familiar. Lo que les pide el Señor es que se respeten mutuamente» y recuerden que «las relaciones conyugales son dignas cuando son prueba de verdadero amor y, por tanto, están abiertas a la fecundidad, a los hijos (...). Cuando la castidad conyugal está presente en el amor, la vida matrimonial es expresión de una conducta auténtica, marido y mujer se comprenden y se sienten unidos»[175].

Terminamos esta exposición de motivos de la disminución de la natalidad con otras causas, profundas, expuestas por Benedicto XVI. El Papa, en su balance del 2006, comienza por «dar las gracias a los numerosos cónyuges que también hoy, en nuestra Europa, dicen 'sí' al hijo y aceptan las molestias que esto conlleva: los problemas sociales y económicos, así como las preocupaciones y los trabajos de cada día; la entrega necesaria para abrir a los hijos el camino hacia el futuro»[176].

A continuación expone algunas «razones por las cuales a muchos les parece demasiado grande el riesgo de tener hijos». Comienza recordando que «el niño necesita atención amorosa» y «eso significa que debemos darle algo de nuestro tiempo, del

173 cfr. Pablo VI, Enc. *Humane vitae*, n. 11-14

174 Gen 1,28

175 San Josemaría Escrivá, *Es Cristo que pasa*, n. 25

176 Benedicto XVI, *Discurso a la Curia Romana*, 22-XII-06

tiempo de nuestra vida. Pero precisamente esta 'materia prima' esencial de la vida —el tiempo— parece escasear cada vez más. El tiempo de que disponemos apenas basta para nuestra propia vida: ¿cómo podríamos cederlo, darlo a otro?». Y a partir de esta situación, real en muchas personas, el Papa invita a la generosidad: «Tener tiempo y dar tiempo es para nosotros un modo muy concreto de aprender a entregarnos nosotros mismos, de perdernos para encontrarnos»[177].

Es necesario mencionar otro motivo de fondo: «A este problema se añade el cálculo difícil: ¿qué normas debemos imponer al niño para que siga el camino recto? Y, al hacerlo, ¿cómo debemos respetar su libertad? El problema se ha vuelto difícil, entre otras causas, porque ya no estamos seguros de las normas que conviene transmitir; porque ya no sabemos cuál es el uso correcto de la libertad, cuál es el modo correcto de vivir, qué cosas son un deber moral y, al contrario, qué cosas son inaceptables». Y concluye el Papa con cierto dolor: «El espíritu moderno ha perdido la orientación, y esta falta de orientación nos impide ser para los demás señales que indiquen el camino recto»[178].

El Papa, gran conocedor de los problemas humanos, continúa ahondando en su razonamiento: «El problema es aún más profundo. El hombre de hoy siente gran incertidumbre con respecto a su futuro. ¿Se puede enviar a alguien a ese futuro incierto? En definitiva, ¿es algo bueno ser hombre?» Y llega a esta conclusión: «Tal vez esa profunda incertidumbre acerca del hombre mismo —juntamente con el deseo de tener la vida totalmente para sí mismos— es la razón más profunda por la que el riesgo de tener hijos de presenta a muchos como algo prácticamente insostenible».

«De hecho, sólo podemos transmitir la vida de modo responsable si somos capaces de transmitir algo más que la simple

177 Ibidem
178 Ibidem

vida biológica, es decir, un sentido que sostenga también en las crisis de la historia futura y una certeza en la esperanza que sea más fuerte que las nubes que ensombrecen el porvenir. Si no aprendemos nuevamente los fundamentos de la vida, si no descubrimos de nuevo la certeza de la fe, cada vez nos resultará menos posible comunicar a otros el don de la vida y la tarea de un futuro desconocido»[179].

Desgraciadamente la mentalidad antinatalista con frecuencia da un paso más, y llega a no respetar la vida cuando la anticoncepción ha fallado y se origina una nueva vida humana: se recurre al *aborto*, la mayor injusticia contra el mayor inocente. La gravedad y la culpabilidad afecta a los que se someten a él, a los que lo deciden y lo ejecutan, y a los legisladores que aprueban o permiten leyes inicuas que lo hacen posible. Jamás puede tener justificación la muerte de un inocente. Este grave crimen, que lesiona el derecho humano fundamental —el derecho a la vida— no es un mal aislado, sino que ordinariamente tiene sus antecedentes, sus raíces, en otros desórdenes graves —de la sexualidad y de otros campos— de las personas que lo cometen[180].

---

179 Ibidem

180 Según la Encuesta de Fecundidad del INE de 1999, el 72 % de las españolas afirma haber utilizado alguna vez métodos anticonceptivos (preservativo o píldora, sobre todo), aunque la distribución por edades varía. Aún así, el número de abortos en España crece cada año (en el 2005, 91.664, lo que supone el 16,4 % del total de 465.000 embarazos). Conviene no olvidar que el recurso habitual a métodos anticonceptivos no consigue disminuir el número de abortos, sino más bien lo contrario, porque contribuye a un sentido irresponsable de la sexualidad. Además, algunos métodos como la «píldora del día después» son abortivos cuando no llegan a tiempo de evitar la fecundación. La Encíclica de Juan Pablo II *Evangelium vitae*, 1995, es de obligada lectura para una formación correcta en los diversos ámbitos relacionados con el aborto.

Aunque con brevedad, trataremos de comentar los tipos más habituales de «parejas de hecho»[181], los inconvenientes que tienen en sí mismos, y los que se derivan para el matrimonio de la pretensión de igualarlas con él, así como las causas de la existencia de estas parejas.

El elemento común de este tipo de parejas es el de ser *convivencias de tipo sexual que no son matrimonios;* de hecho, lo que les caracteriza es ignorar, postergar o rechazar el vínculo conyugal. Algunas buscan un reconocimiento legal, para equipararse con el matrimonio civil o canónico. Otras no desean pasar de «parejas de hecho» a «parejas de derecho». Otras, en fin, son de homosexuales (hombres o mujeres), que suelen ser las que más reclaman el reconocimiento social y jurídico. Aunque en los medios de comunicación parezca que son abundantes, siguen siendo un porcentaje poco significativo[182].

Las parejas de hecho son muestra, frecuentemente, de una *inseguridad ante el futuro*, de una desconfianza en la posibilidad de un amor sin condiciones; por eso les falta fortaleza para construir comprometidamente un hogar abierto a los hijos. Por otra parte, la privacidad de esas relaciones se opone al reconocimiento social, aunque puedan ser aceptadas más o menos en algunos ambientes[183].

«No puedo ocultar mi preocupación —escribe el Santo Padre, Benedicto XVI— por las leyes de parejas de hecho.

---

181 Para las ideas expuestas en este apartado, cfr. C. Pontificio para la Familia, *Familia, Matrimonio y Uniones de hecho*, 2000

182 Según datos del Centro de Investigaciones Sociológicas (CIS), en España en 1998 el porcentaje de parejas de hecho está entre el 2 y el 4 %. Entre los 30 y los 34 años, apenas un 2 % convive sin casarse, y el 50 % de ellos no descarta el matrimonio si encuentran un puesto fijo de trabajo, si viene un hijo, etc. cfr. Aurelio Fernández, *Parejas de hecho*, folleto mc, 1999, pág. 12

183 Instruc. Past. *La familia...*, o.c., n. 63

Muchas veces estas parejas han elegido este camino porque, al menos por el momento, no se sienten capaces de aceptar la convivencia jurídicamente ordenada y vinculante del matrimonio. De este modo, prefieren quedarse simplemente en el estado de hecho. Cuando se crean nuevas formas jurídicas que relativizan el matrimonio, la renuncia a un vínculo definitivo obtiene también, por decirlo así, un sello jurídico. En este caso, a quien ya tiene dificultad, le resulta aún más difícil decidirse»[184].

Las parejas de hecho *no comportan derechos y deberes matrimoniales, ni pretenden una estabilidad basada en el vínculo matrimonial.* Puede haber un cierto «compromiso» más o menos explícito de convivencia, mientras la relación no se deteriore por alguna causa. Algunas veces, es como un «matrimonio a prueba», que termina en él si la «experiencia» les satisface[185]. Otras veces —pero quizás las menos— se debe a dificultades económicas, legales o familiares para casarse: cuando los motivos son éstos, es probable que terminen en matrimonio, si esas dificultades desaparecen.

¿A qué se debe la crisis matrimonial en algunos ambientes, hasta el punto de no desear el matrimonio, o no valorarlo adecuadamente, equiparándolo a las parejas de hecho? Entre las

---

184 Benedicto XVI, *Discurso a la Curia Romana*, 22-XII-2006

185 Un estudio publicado en Estados Unidos sobre la cohabitación (*Should We Live Together? What Young Adults Need to Know about Cohabitatacion before Marriege*, de los sociólogos David Popenoe y Bárbara Dafoe; cfr. Aceprensa 22.IX.99, nº 128/99) muestra, con datos, los inconvenientes de las «parejas de hecho». Puede verse estadísticamente que vivir juntos no es buena manera de prepararse al matrimonio para evitar el divorcio: demuestran que la cohabitación antes de casarse aumenta el riesgo de ruptura después del matrimonio, la violencia doméstica contra la mujer, son más probables los malos tratos a los hijos cuando los hay, y suelen tener niveles más bajos de satisfacción y de bienestar que los casados. Entre otras causas de esos inconvenientes están el menor compromiso en las relaciones mutuas y el gran deseo de independencia; toleran menos las dificultades y se esfuerzan menos en superarlas, por lo que la separación es más probable que en el matrimonio.

causas algunos estudios señalan el retraso en situarse profesional y económicamente: esos jóvenes quieren vivir en compañía, aunque consideran que no están en condiciones para casarse. Pero a esa causa hay que añadir el relativismo moral y la pérdida de la conciencia de pecado por la ausencia de práctica religiosa, que les lleva a no dar trascendencia moral a la convivencia de pareja.

¿Qué *otras causas* influyen en la existencia de parejas de hecho? Recordemos que se trata de un «fenómeno» relativamente nuevo en nuestra cultura, pues hasta hace no muchos años, si un hombre y una mujer querían vivir juntos, se casaban civilmente, si no podían o no querían hacerlo en la Iglesia. Otra cosa es —aunque moralmente sea también ilícito— la situación propia de un o una «amante», que mantiene una relación sexual con una tercera persona a la vez que mantiene su matrimonio; o una relación sexual esporádica pero no unida a la convivencia habitual. ¿Por qué esas parejas, ahora, con frecuencia, ya no tienen interés en casarse y se limitan a convivir sexualmente, sin más?

Dejadas aparte las circunstancias que señalábamos antes, que impiden o dificultan al menos por un tiempo contraer matrimonio, las parejas que pudiendo casarse no lo hacen, en muchos casos están influidas unas veces por *un concepto erróneo y negativo del matrimonio*, bien porque ha fracasado el matrimonio de sus padres o nunca ha llegado a existir como tal, y no les atrae «repetir» ellos mismos esa experiencia; bien porque *consideran que no es posible comprometerse para siempre;* o bien porque la imagen que tienen del matrimonio es el del matrimonio civil, tantas veces seguido de divorcio y llega un momento en que *piensan que el matrimonio no necesita de «formalidades»*, porque lo fundamental es quererse; no ven o no admiten los bienes del verdadero matrimonio a los que nos referiremos enseguida.

El Papa Francisco reconoce que «es verdad que el amor es mucho más que un consentimiento externo o que una especie de contrato matrimonial, pero también es cierto que la decisión de dar al matrimonio una configuración visible en la sociedad, con unos determinados compromisos, manifiesta su relevancia: muestra la seriedad de identificación con el otro, indica una superación del individualismo adolescente, y expresa la firme opción de pertenecerse el uno al otro»[186].

Probablemente *la semilla que más engendra las uniones de hecho, es la práctica del llamado «amor libre»* durante más o menos tiempo: será difícil, por no decir inexistente en la práctica, encontrar una pareja de hecho que no haya practicado antes el «amor libre» (con su pareja o con otra); y al contrario: no será frecuente encontrar un chico o una chica que haya vivido —luchado por vivir, al menos— hasta entonces la castidad con su pareja y de pronto decidan convivir juntos sin intención de casarse.

Al menos en las *parejas de homosexuales,* de las que hablaremos después, ha influido una teoría de la sexualidad, denominada «construccionista», que sostiene que ser hombre o mujer no estaría determinado fundamentalmente por el sexo, sino por la cultura. «Niega la diferencia y la reciprocidad natural de hombre y de mujer, presenta una sociedad sin diferencias de sexo, y vacía el fundamento antropológico de la familia»; la identidad humanad vendría determinada «por una opción individualista, que también cambia con el tiempo»[187].

Existirían lo que llaman «*identidad genérica sexual*», que es producto de una interacción entre la comunidad y el individuo, y que sería incluso independiente de la identidad sexual personal: los géneros masculinos y femeninos, repito, serían el resultado de factores sociales, sin relación con el sexo de la persona. Así cualquier actitud sexual sería justificable, incluida la homosexualidad. Y sería «familia» cualquier tipo de unión

186 *Amoris laetitia,* n. 131
187 Ibidem, n. 56

consensual. En el mejor de los casos el matrimonio tradicional sería una forma más entre otras muchas igualmente válidas por ser libres. Nos detendremos en esta ideología más adelante.

Las diferencias antropológicas y éticas entre el matrimonio y las parejas de hecho son evidentes. No es razonable pretender equipararlos. La unión conyugal se basa, entre otras cosas, en el reconocimiento de que de la complementariedad de los sexos nace la natural tendencia a la generación de los hijos, que por el contrario son excluidos en la mayoría de las parejas de hecho. Se basa también en el deseo de establecer una relación estable y definitiva, con obligaciones de justicia; es decir, lo contrario a la inestabilidad y ausencia de compromisos de las parejas de hecho. Y en el matrimonio hay también el reconocimiento de la dimensión social del amor conyugal, que afecta a la familia y a la sociedad, y establece relaciones de parentesco. Esta dimensión está también ausente en las parejas de hecho. Por tanto el amor conyugal no es sólo ni sobre todo sentimiento, sino un compromiso con la otra persona, que se da y se acepta mutuamente. Si falta ese compromiso, como en las parejas de hecho, el amor no puede llamarse conyugal. Sólo el amor exigible en justicia, mediante el acto libre del consentimiento matrimonial, es el amor conyugal.

La existencia de las parejas de hecho no son sólo un mal en sí mismas o para sí mismas, sino también —más aún si se pretende equipararlas en el derecho al matrimonio— *un gran mal para la institución matrimonial:* es el bien del matrimonio el que está en juego —en la medida en que proliferen las parejas de hecho— y el bien de toda la sociedad, ya que el matrimonio es la institución social originaria y originante de la sociedad.

Con las parejas de hecho desaparecen o tienden a desaparecer los «bienes» o valores sociales ligados directamente al matrimonio: *desaparece el bien futuro de los cónyuges*, pues al faltar el compromiso de estabilidad y fidelidad no existen garantías serias de la permanencia de esa unión[188]. También *sufre el bien de los hijos*, si llegan a nacer[189], que muy frecuentemente se verán privados de un padre o una madre por la ruptura de la pareja, con las consiguientes deficiencias afectivas, educacionales, etc. *Sufre el concepto de familia,*[190] *se atenúa el sentido de fidelidad y sufren las relaciones familiares*, pues es frecuente que las parejas no tengan especial interés en compartir su situación con otros miembros de sus familias. Y *sufre la sociedad en su conjunto*, que quiérase o no, se asienta sobre familias estables y con hijos, en las que hay una transmisión de valores humanos, culturales y espirituales, en las que la pertenencia a una familia reconocida es un elemento necesario de identificación de cada ciudadano[191].

---

188 A finales de los años 90, datos estadísticos del CIS afirman que en España el 60 % de las parejas de hecho se disuelven antes de los 5 años, y entre estas personas, si después se casan, es mayor el número de divorcios. En Francia el 65 %de las parejas duran 2 años, y el resto en torno a los 5. En Gran Bretaña, el 50 % dura menos de de 2 años, y sólo un 16 % llega a los 5 años. Cfr. Aurelio Fernández, *Las parejas de hecho*, Folletos mc, 1999, pág. 14

189 Estos mismos datos estadísticos confirman que más del 50 % de las parejas de hecho no tienen hijos, mientras que en los matrimonios sólo el 9 % carecen de ellos. No obstante, ha crecido el número de hijos que nacen fuera del matrimonio: en el 2006, 1 de cada 4 niños nacieron en esas circunstancias (124.000 niños; el incremento en 10 años ha sido superior al 100 por %, según informe del IPF ya citado antes.

190 «La ausencia de vínculo, y, en consecuencia, de una relación jurídica propiamente dicha entre los convivientes, pone de relieve las dificultades para considerar como familia, también desde el punto de vista jurídico, la resultante de una unión no matrimonial». Dolores García Hervás, *Las mal llamadas uniones de hecho*» Alfa y Omega, 12-X-2000, pág. 7

191 «La ley no puede dar a los convivientes las garantías que se dan a las parejas casadas, sin que la sociedad reciba a cambio un compromiso de estabilidad. La falta de estabilidad, la ausencia de compromisos de futuro, el sometimiento a la pura voluntad de uno cualquiera de los convivientes, la inseguridad acerca del régimen jurídico aplicable, no constituyen soporte suficientemente sólido sobre el que la sociedad pueda apoyar confiadamente su propia continuidad». Dolores García Hervas, *Las mal llamadas uniones de hecho* pág. 7

El deber y la responsabilidad del Estado es muy grande con respecto a la actitud que adopte con las parejas de hecho. Un principio fundamental es que «no deben institucionalizarlas, atribuyéndoles de este modo un estatuto similar al matrimonio y a la familia. Tanto menos equipararlas a la familia fundada en el matrimonio. Se trataría de un uso arbitrario de poder que no contribuye al bien común, porque la naturaleza originaria del matrimonio y de la familia precede y excede, absoluta y radicalmente, el poder soberano del Estado»[192]. Esto no supone una discriminación para las parejas de hecho, puesto que no son verdaderos matrimonios ni desean serlo, mientras que sí sería vejatorio para los matrimonios al equipararlos a una simple convivencia sexual sin compromiso de fidelidad ni de generación y educación de los hijos. La ley no puede conceder el mismo trato a personas que se encuentran en situaciones jurídicas distintas[193]. Sería también un claro signo de deterioro de conciencia moral por parte de esos gobernantes, un «pensamiento débil» que cede a imposiciones ideológicas de grupos de presión. No es justo elevar a interés público lo que es un simple interés privado de la pareja, que no quiere responsabilidad social alguna[194]. «Los legisladores, y de modo particular

---

192 C. P. para la Familia, *Familia, Matrimonio y 'Uniones de hecho'*, n. 10.

193 «Una cosa es el reconocimiento de efectos parciales de carácter económico, o dirigidos a evitar situaciones convivenciales objetivamente injustas, y otra muy distinta la configuración por ley de una especie de *matrimonio de segunda clase,* mediante la institucionalización de dichas formas de convivencia. En efecto, la institucionalización de la convivencia *more uxorio* (a modo de matrimonio), en la cual la disolución *ad nutum (al libre albedrío)* es un elemento definitorio, distorsionaría todo el sistema familiar, produciendo una clara debilitación de la institución matrimonial, que, llevada a su extremo, haría prácticamente inútil la propia noción de matrimonio» Dolores García Hervás, *Las mal llamadas uniones de hecho*», pág. 6

194 Los gobernantes deben atender a las minorías, pero nunca con perjuicio de las mayorías. Lo general debe prevalecer sobre lo particular. En este sentido, conviene saber que según el censo del 2001, en ese año había en España 11,1 millones de núcleos familiares. De ellos, 8,9 millones (el 94 %) son matrimo-

los parlamentarios católicos, no podrían cooperar con su voto a esta clase de legislación, que, por ir contra el bien común y la verdad del hombre, sería propiamente inicua»[195]. No se trata de imponer un determinado modelo de comportamiento, sino de la defensa legal del bien común de la familia fundada en el matrimonio, porque «donde la familia está en crisis, la sociedad vacila»[196]. Recordemos que ley civil y ley moral son ámbitos distintos, pero no opuestos; se distinguen pero no deben disociarse; entre ellas no hay univocidad, pero tampoco debe haber contradicción[197]. Recordemos también que «si no existe ninguna verdad última que guía y orienta la acción política, entonces las ideas y las convicciones pueden ser fácilmente instrumentalizadas con fines de poder. Una democracia sin valores se convierte con facilidad en un totalitarismo abierto o sutil, como la historia lo demuestra»[198]. Como ha escrito el Cardenal Rouco, «búsquese el cauce político-jurídico adecuado (para las parejas de hecho), pero nunca el del remedo o imitación institucional del matrimonio»[199]. Muchos juristas piensan que sería suficiente con resolver el problema en cada caso por vía jurisdiccional ordinaria[200].

---

nios (un hombre y una mujer con hijos). Las parejas de hecho eran 563.000 y las parejas del mismo sexo 10.474. Luego la inmensa mayoría son familias bien constituidas. En cuanto a la estabilidad, un 75 % de los matrimonios lo son, aunque hay en torno a un preocupante 25 % de divorcios; y aún así, éstos lo que buscan como deseable es el matrimonio, no el divorcio.

195 C.P. para la Familia, *Declaración acerca de la Resolución del Parlamento Europeo sobre equiparación entre familia y 'uniones de hecho', incluso homosexuales*, 17-III-2000

196 C. P. para la Familia, *Familia, Matrimonio...*, n. 16

197 cfr. Sto Tomás, *Suma Teológica*, I-II, q. 95, a. 2

198 Juan Pablo II, Enc. *Centesimus annus*, n. 46

199 Card. Antonio M. Rouco, Homilía 27-IX-1997, Madrid.

200 En España la primera aprobación que otorga validez jurídica a las parejas hetero y homosexuales se debe al Parlamento de Cataluña (23X-1998, «Ley de Uniones Estables de Parejas). Le siguió las Cortes de Aragón, en III-99, con la reprobación expresa de Mons. Yanes, Arzobispo de Zaragoza; y en

Más grave aún sería la equiparación de *parejas homosexuales* con el matrimonio. Es de todo punto evidente la incongruencia, por la imposibilidad real de convivencia conyugal entre personas del mismo sexo, por la falta de complementariedad interpersonal tanto en el plano físico-biológico como en el psicológico y por la imposibilidad objetiva de transmitir la vida. Es contrario al sentido común esta pretendida equiparación, aunque haya sido ya reconocida en algunas legislaciones europeas, pero eso no es signo de progreso, sino de ausencia de convicciones, de grave deterioro moral en temas básicos sobre la importancia del matrimonio y la familia y la defensa de los hijos, cuando se aprueba también la adopción de niños por estas parejas[201].

En definitiva, las parejas de hecho, que pretenden «hacerse un hueco» en la sociedad, con el mismo derecho y la misma consideración social que el matrimonio, son *consecuencia de la secularización de la institución matrimonial.* Se comienza con la legalización del divorcio, que contribuye muy directamente a la pérdida de la indisolubilidad matrimonial (también entre creyentes), que durante siglos ha sido un valor enorme de estabilidad familiar y social. Se sigue después con el aumento de los matrimonios civiles en detrimento de los canónicos, incluso entre bautizados, incurriendo así en un matrimonio no válido para ellos (volveremos sobre este punto), matrimonio que con relativa frecuencia acaba en divorcio y es seguido

---

el 2001 en Valencia, también con el parecer contrario de la Jerarquía, que denuncia «la falsedad de la tesis de que la disciplina del propio partido esté por encima de la conciencia» de los gobernantes, porque esa tesis «es propia de los partidos políticos totalitarios»; un político, añade, «debe buscar la verdad como primer criterio de su actuación política (la verdad sobre el ser humano). Si eso le resulta imposible, verdaderamente no será ni buen político, ni buen católico» (Alfa y Omega, Declaraciones de Mons. Agustín García-Gasco, 12.IV.2001, pág. 19)

201 *Familia, Matrimonio...* n., 23

de otro matrimonio, o bien ya ni siquiera eso, sino en una simple pareja de hecho, que se «hace» y se «deshace» aún más fácilmente que el matrimonio civil[202]. Mientras tanto, en todo este proceso, la conciencia moral se va deteriorando y se va acercando a «la crisis más peligrosa que puede afligir al hombre: la confusión entre el bien y el mal, que hace imposible construir y conservar el orden moral de los individuos y las comunidades»[203]. Hay una profunda crisis sobre la verdad de la sexualidad, la persona, el matrimonio y la familia[204].

---

202 «Si el acceso al matrimonio está abierto a quien quiera contraerlo, sólo por el hecho de querer contraerlo (pérdida de importancia de los impedimentos); si el deber de fidelidad no goza prácticamente de protección legal alguna (despenalización del adulterio, divorcio y separación puramente objetivos); si cabe cualesquiera combinaciones entre sexualidad, procreación, matrimonio y familia (medios contraceptivos, técnicas de reproducción asistida, desaparición del impedimento de impotencia); si, en fin, el matrimonio se disuelve por el consentimiento de ambos cónyuges o la voluntad de uno de ellos; entonces... ¿qué queda del matrimonio?. Cada vez más, sólo un nombre y una forma. Una cáscara vacía» (Martínez Aguirre, citado por Dolores García Hervás en *Las mal llamadas uniones de hecho*», en Alfa y Omega, 12-X-2000, pág. 7).

203 Juan Pablo II, *Veritatis splendor*, n. 93

204 En la S. Escritura queda patente tanto la bondad y santidad del matrimonio (Gen, 1,27-28, 2,20-25, Mc 10,2-9; Mt 19,1-12; 1 Cor 7,1-11) como la condena al ejercicio de la sexualidad fuera del matrimonio, contra el adulterio (Dt 22,22), contra la homosexualidad, que es considerada aberrante (Lv 18,22, Lv 20,13, Dt 22,5); la homosexualidad engendra una corrupción moral que degrada los pueblos: Sodoma y Gomorra fueron destruidos por la extensión de la homosexualidad en esas ciudades (Gn 19,5): de ahí el vocablo «sodomitas» referido al homosexual. San Pablo en la Carta a los Romanos habla de las graves depravaciones cometidas por los hombres de la cultura grecoromana de su tiempo, llegando a «pasiones vergonzosas» contra el uso natural del cuerpo (Rm 1,24-32). En cuanto a la condena del Magisterio, ya nos hemos referido a diversos documentos sobre la sexualidad en general y la homosexualidad en particular en este y en el anterior capítulo.

LAS PERSONAS HOMOSEXUALES

Nos hemos referido más arriba a las parejas de homosexuales. Hicimos también alguna alusión a la tendencia homosexual en el capítulo anterior. Detengámonos ahora a ver las causas de la homosexualidad, si tienen alguna justificación y cómo ayudar a los que deseen rectificar esa conducta sexual.

Hoy a algunas personas les costará entender o aceptar que la homosexualidad supone un desorden (psicológico y moral), una anomalía en el modo de vivir la sexualidad según corresponde a la condición específica de varón o mujer. Algunas de las causas de esa dificultad las hemos explicado antes: la influencia de una ideología que pretende definir la «identidad sexual» no en función del sexo sino de la cultura y la libre elección de cada individuo, como comentaremos más detenidamente en páginas siguientes. Cuando este error se plasma en modelos educativos y costumbres de vida desde la adolescencia, se dificulta enormemente alcanzar la verdadera identidad sexual[205]. A eso se añade la presión de los grupos de homosexuales en medios de comunicación reclamando el derecho a ser diferentes en una sociedad multicultural, o bien una consideración de la sexualidad sin referencias éticas, por lo que sería tan lícita la tendencia heterosexual como la homosexual[206], sin más límites

205 cfr. Instruc. Past., *La familia...*, o.c., n. 34

206 Según el psiquiatra holandés Dr. Gerard J.M. van den Aardweg, ha tenido mucha influencia la decisión que en 1973 tomó la Asociación Americana de Psiquiatría, de suprimir la homofilia en la relación de trastornos de la sexualidad, y pasó a llamarla «condición homosexual» de las personas, como si fuera algo innato y por tanto normal y «legítimo». Ese cambio se debió a fuertes presiones de homosexuales militantes, en contra del 70 % de los profesionales de la psiquiatría, que influyeron en el Consejo de dirección de la Asociación. A partir de entonces, cambió el modo de explicar la homosexualidad en las universidades; las terapias se consideraban, para muchos, un tabú. Esa actitud se difundió a otros países. La homosexualidad se politizó. Hoy, en muchos países, se explica asépticamente en las aulas de colegios

que no abusar de otra persona. Otras veces se apoyan en presuntas causas genéticas o biológicas, por las que un individuo tendría esa tendencia sin poder hacer nada para evitarlo.

Pero casi siempre, está presente la gran influencia negativa que ha dejado en muchos la «revolución sexual» de los años 60, que quería «liberalizar» la sexualidad humana de las normas de la moral tradicional, supuestamente anticuadas, y considerarla como simple bien de consumo y medio para alcanzar el placer. La castidad y la continencia sexual eran consideradas por muchos como antinaturales e imposibles de vivir; empezó a no admitirse que el comportamiento sexual fuese inmoral si era contrario a la «naturaleza» del hombre: lo «natural» y lo «antinatural» dependería de la cultura y sensibilidad personal. Y en el fondo de este planteamiento hay también un olvido o abandono de la teología de la creación, que enseña que el hombre está anclado en el ser y en la sabiduría de Dios. Al perder esta dependencia, el hombre depende sólo de sí mismo, de su propio modo de ver y entender la realidad. El hombre queda a merced de ideas cambiantes y de grupos de presión que guían las masas[207].

¿Qué decir realmente sobre *el origen de la homosexualidad*? Habría que empezar por decir que se suele distinguir entre «tendencia homosexual» y «actos sexuales». Estos últimos, por estar privados de su finalidad esencial son intrínsecamente desordenados: no expresan la unión complementaria

---

como una opción sexual legítima más. En buena parte, la difusión del Sida entre homosexuales podría haberse evitado con una información correcta sobre la homosexualidad. cfr. *Homosexualidad y esperanza*, del citado doctor. Ed. Eunsa, Pamplona, 1997. Y la entrevista publicada en la rev. Palabra, V-01, págs. 78-80. Para una explicación aún más detallada puede consultarse *Manual de Bioética*, Ariel Ciencia, 2001, capítulo sobre Homosexualidad, del Dr. Manuel de Santiago, págs. 389-405

207 cfr. Card. Ratzinger, Introducción a *Carta sobre la atención pastoral a las personas homosexuales*, de la C. Doctrina de la Fe, 1986

de los sexos, capaz de transmitir la vida. La actividad homosexual anula el rico simbolismo del designio de Dios que ha creado al hombre a su imagen y semejanza como varón y mujer; de otra parte, esta actividad refuerza la inclinación sexual desordenada caracterizada por la autocomplacencia[208].

En cuanto a la tendencia homosexual, el origen puede ser diverso. En unos casos se debe sobre todo a una mala educación sexual, a hábitos o costumbres desordenadas adquiridas durante la infancia, adolescencia o incluso los primeros años de la juventud. Otras veces «un número apreciable de hombres y mujeres presentan tendencias homosexuales profundamente radicadas. Esta inclinación, objetivamente desordenada, constituye para la mayoría de ellos una auténtica prueba»[209].

De este tipo último de personas algunos afirman que no tienen alternativa y están obligados a comportarse de una manera homosexual; no serían por tanto libres de elegir su modo de vivir la sexualidad y obrarían sin culpa[210]. Pero esto no es cierto, porque en principio, toda persona que posea capacidad de razonar y decidir, puede, con los medios oportunos, «controlar» su tendencia sexual, sea homo o heterosexual, sin llegar a realizar actos sexuales. Se puede afirmar que estas personas, «gracias a la libertad, el esfuerzo humano, iluminado y sostenido por la gracia de Dios, podrá permitirles evitar la acción homosexual»[211].

---

208 cfr. C.Doctrina de la Fe, *Atención pastoral a las personas homosexuales*, n. 7

209 *Catecismo de la Iglesia Católica*, n. 2358

210 «Hay que disipar toda la nube de fatalismo que envuelve a la homosexualidad: de si está en los genes, o de si es una variante más de la sexualidad, o de si no puede cambiarse. Son «slogans» de propaganda. El convencimiento de que no pesa sobre alguien un determinismo hereditario ofrece perspectivas de esperanza». Dr. van den Aardwrg, Rev. Palabra, V-01, o.c.

211 *Atención pastoral...*, n. 11. El Catecismo de la Iglesia añade que «estas personas están llamadas a realizar la voluntad de Dios en sus vidas, y, si son cristianas, a unir al sacrificio de la cruz del Señor las dificultades que pueden encontrar a causa de su condición» (n. 2358).

Esa fuerte tendencia homosexual puede deberse también, al menos en buena parte, a los hábitos desordenados adquiridos durante años. Si además hay o no «una posible predisposición biológica hacia la homosexualidad es una cuestión que todavía no ha sido completamente aclarada»[212]. Pero en el caso de que la hubiera, esa predisposición no se puede considerar normal, como no se consideran normales otras alteraciones psíquicas.

Trabajos serios de Psiquiatría[213] parecen demostrar la influencia de las relaciones afectivas paterno-filiales en la infancia y adolescencia sobre la tendencia hetero u homosexual. De muchos casos estudiados concluyen que una buena relación paterna con su hijo es una garantía grande de la correcta maduración sexual del hijo (no tendrá tendencia homosexual). Pero no es siempre cierta la afirmación contraria: el hijo de un padre agresivo no tiene porqué llegar a ser homosexual. Para estos autores, la homosexualidad en jóvenes puede tener un significado defensivo: puede expresar tanto el deseo del afecto paterno como la agresión hacia el padre. Esta «estrategia» defensiva se daría también en la mujer, aunque en el sexo femenino la homosexualidad es menor[214].

Tanto en el hombre como en la mujer homosexual, la carencia afectiva en la relación con el progenitor correspondiente, le llevaría a «reparar» esa falta por medio de relaciones con personas del mismo sexo. Así, las relaciones homosexuales serían el «encuentro entre dos personas, cada una de las cuales se siente incompleta (como varón, o como mujer). Cada persona usa a la otra para completarse a sí misma; deseando no sólo una gratificación sexual en sentido estricto, sino también

212 Bartholomew Kiely, *Atención pastoral de las personas homosexuales. Nota psicológic* , 2.

213 I. Bieber, T.B. Bieber, *Male Homosexuality*»,Canadian Journal of Psychiatry, 24 (1979), 409-421, pag. 411y ss.

214 R. T. Barnhouse, *Homsexuality: a symbolic confusion*, Seabury Prress, N. York, 1977

un sentido de seguridad, protección, autoestima, dominio, etc. En el caso extremo, simulan ser juntos una sola persona más completa»[215]. Este modo de actuar contradice el sentido cristiano de la sexualidad —y el mismo sentido natural—, que es la autodonación recíproca en la complementariedad de los sexos. Los actos homosexuales, aunque de modo inmediato puedan producir un alivio, a largo plazo no resuelven los problemas más profundos; pueden producir un bien parcial, pero no el bien integral de la persona. Son actos defensivos y no autotrascendentes[216]. Los deseos homosexuales están motivados también por depresiones que vienen de la juventud: por sentimientos de soledad, complejo de inferioridad acerca de la identidad sexual, sentimientos de autodramatización, etc.; todo lo contrario a la esperanza.

Otros autores distinguen, desde hace ya varias décadas[217], diversas motivaciones en las relaciones homosexuales, que diferencian a unos homosexuales de otros. De una parte estaría el *homosexual manifiesto*, para el que la gratificación sexual posee importancia primaria, aunque también puedan intervenir otras motivaciones de dependencia o de dominio. Y distinto al anterior sería el llamado *pseudohomosexual*, en el que lo que prevalece en sus relaciones son la motivaciones de dependencia o de dominio (o las dos) y secundariamente las relaciones sexuales.

Este segundo tipo de homosexualidad es más fácil de superar. La homosexualidad manifiesta es más difícil: se trata de

---

215 Bartholomew Kiely, o.c., 4.

216 «Quien se identifica con su presunta naturaleza homosexual puede sentir un cierto alivio, pero de hecho se encadena a su sexualidad neurótica. Por eso, el camino contrario, la búsqueda de la verdad sobre sí mismo sin dejarse arrastrar por un derrotismo de 'yo soy así', es un camino de esperanza». Dr. van den Aardweg, entr. cit.

217 cfr. L. Ovesey, *Homosexuality and Pseudohomo sexuality*, Sciencie House, New York, 1967m pp. 964-965

personas que han tenido una orientación exclusivamente homosexual desde la pubertad y les será muy difícil cambiar ese sentido. «No es fácil responder a la pregunta sobre si se nace o no homosexual. Lo que sí es cierto es que se aprende a serlo»[218].

Aún se podría distinguir un tercer tipo, el llamado *homosexual imaginario:* varones adolescentes en periodos de depresión o inseguridad. Es más bien una situación pasajera, en la mayoría de los casos, que termina al alcanzar una madurez psicológica y afectiva mayor.

La persona homosexual puede tener o no otras alteraciones psicológicas, además de su tendencia homosexual. De todos modos, su comportamiento en pareja suele ser inestable, caracterizado por un afán de poseer al otro, con exigencias frecuentemente insatisfechas, con infidelidades, celos y rencores. Y el amor por el otro no resuelve el problema de la soledad. El narcisismo es un rasgo característico de la personalidad del homosexual: y ese centrarse en sí mismo facilita la homosexualidad[219].

La Iglesia, en todo caso, no tiene duda en afirmar que «las personas homosexuales —que deben ser acogidas con respeto, compasión y delicadeza, evitando todo signo de discriminación injusta— están llamadas a la castidad. Mediante virtudes de dominio de sí mismo que eduquen la libertad interior, y a veces mediante el apoyo de una amistad desinteresada, de

---

218 Gianfrascesco Zuannazzi, «Se puede construir un estilo de vida fundado sobre un 'espacio de libertad' que existe para todos», en *Atención pastoral...*, pág. 81

219 La homosexualidad «es un estilo de vida que crea adicción y, a la vez, una especie de frigidez. Como no estás satisfecho aumentas la dosis y, en consecuencia, se multiplican las frustraciones (...) La imagen de la pareja de homosexuales felices, como espejo del matrimonio, es una mentira con fines propagandísticos. Sus relaciones y contactos son neuróticos. Entre ellos no son excepción la infidelidad, los celos, la soledad y las depresiones (...) El 60 % de esas relaciones duran un año, y sólo el 7 % superan los cinco años». Dr. van den Aardweg, entr. cit.

la oración y la gracia sacramental»[220]. Y recuerda igualmente que «cuando rechaza las doctrinas erróneas en relación con la homosexualidad, no limita sino que más bien defiende la libertad y la dignidad de la persona, entendidas de modo realista y auténtico»[221], puesto que la persona no se define adecuadamente haciendo referencia exclusiva a su identidad sexual (hetero u homosexual). La identidad fundamental de la persona es común a todos: «ser criatura y, por gracia, hijo de Dios, heredero de la vida eterna»[222].

El homosexual puede salir de esa situación, si lo desea. «Debe convencerse de que puede y de que la castidad es un ideal posible y ventajoso. Deben estar dispuestos a evitar los contactos, los lugares de encuentro. Han de luchar contra la masturbación, no ceder a las fantasías sexuales, venciendo la curiosidad en internet o en publicaciones pornográficas. Han de buscar ayudas y en el tiempo libre fomentar actividades sanas y buenas compañías»[223]. Entre los homosexuales y lesbianas, los que tienen motivaciones religiosas son los que más desean vivir la castidad.

MATRIMONIOS CIVILES DE LOS BAUTIZADOS

Detengámonos ahora en otro aspecto que aunque es más propio del Derecho Canónico que de la Antropología, afecta directamente a la familia y hoy se da con cierta frecuencia: los matrimonios civiles de personas bautizadas en la Iglesia católica, que aunque lleven más o menos tiempo sin frecuentar sacramentos, siguen perteneciendo a la Iglesia, en cuanto que no han renunciado a esa pertenencia.

---

220 *Catecismo de la Iglesia Católica*, nn. 2358 y 2359

221 *Atención pastoral...*, n. 7.

222 Ibidem, n. 16

223 Dr. van den Aardweg, entrevista cit.

Hoy, en España como en otros países de tradición católica, no es raro que parejas de novios, bautizados pero que no han practicado la fe desde hace mucho tiempo, no deseen contraer matrimonio en la Iglesia, por considerar que su alejamiento de los sacramentos les ha apartado de las creencias de la Iglesia (son bautizados no practicantes, e incluso no creyentes) y, o bien no tienen interés en casarse canónicamente, o incluso lo rechazan, o simplemente piensan que no sería lógico, en su situación, casarse en la Iglesia[224]. En cualquier caso, la mayoría de las veces no saben que para un bautizado, el único matrimonio válido es el matrimonio sacramento. Esta dificultad hace que sea aún más necesario conocer bien y explicar adecuadamente este importante aspecto.

Estas parejas deben saber que «el sacramento del matrimonio tiene esta peculiaridad respecto a los otros: ser el sacramento de una realidad que existe ya en la economía de la creación; ser el mismo pacto conyugal instituido por el Creador 'al principio'»[225]. Desde el inicio de la humanidad, el matrimonio fue instituido como «la alianza matrimonial, por la que el varón y la mujer constituyen entre sí un consorcio de toda la vida, ordenado por su misma índole natural al bien de los cónyuges y a la generación y educación de la prole»[226], como ya dijimos. Pues bien: esta alianza matrimonial «fue elevada por Cristo Señor a la dignidad de

224 «Es cada vez más frecuente el caso de católicos que, por motivos ideológicos y prácticos, prefieren contraer sólo matrimonio civil, rechazando o, por lo menos, difiriendo el religioso. Su situación no puede equipararse sin más a la de los que conviven sin vínculo alguno, ya que hay en ellos al menos un cierto compromiso a un estado de vida concreto y quizá estable, aunque a veces no es extraña a esta situación la perspectiva de un eventual divorcio (...) Tampoco esta situación es aceptable por la Iglesia» (Juan Pablo II, Exh. apost. *Familiaris consortio*, n. 82)

225 Juan Pablo II, Exh. Apost. *Familiaris consortio*, 1981, n. 68

226 *Código de Derecho Canónico*, c. 1055, 1

sacramento entre bautizados»[227]. De ahí que «*entre bautizados no puede haber contrato matrimonial válido que no sea por eso mismo sacramento*»[228].

Hay, por tanto, una *unidad entre el matrimonio instituido en los orígenes y el matrimonio sacramento.* Puede decirse, desde la teología, que esta unidad se apoya en la relación existente entre el orden de la creación y de la redención: por esa inseparable relación, un matrimonio que pueda considerarse verdadero en el orden «de la creación» —en el orden de las instituciones naturales, tal y como las concibió el Creador, en función de la naturaleza humana— requiere que sea también sacramento en el orden de «la redención» —el orden sobrenatural establecido por Cristo en su encarnación redentora—: la gracia no destruye la naturaleza, sino que la perfecciona[229]. Lo que constituye al matrimonio del «principio» —el consentimiento conyugal— es el mismo signo sacramental del matrimonio de «la redención».

Hay, por tanto, *inseparabilidad entre contrato y sacramento en el matrimonio.* El matrimonio entre bautizados, si es válido es siempre sacramento. Y si no es sacramento no es válido. No cabe hablar de un matrimonio meramente natural entre los bautizados.

Por la peculiaridad que acabamos de señalar —ser el sacramento de una realidad que existe ya en la economía de la creación—, la Iglesia admite a la celebración de este sacramento a todos los bautizados que aunque no participen habitualmente de otros, tengan «la decisión de comprometer en su receptivo

227 *Ibidem*

228 *Ibidem*, n. 2

229 En cuanto que todas las cosas han sido creadas por Cristo y para Cristo (cfr. Ju 1,3; Col 1,16, etc), el matrimonio «del principio» era figura y estaba ordenado al matrimonio de la «redención». Uno y otro son signos del amor de Dios a la humanidad: el del principio, lo anunciaba; el de la redención, lo realiza. cfr. A. Sarmiento, *El matrimonio cristiano*, Eunsa, 1997, pág. 138.

consentimiento conyugal toda su vida en un amor indisoluble y en una fidelidad incondicional»; es decir, que acepten «el proyecto de Dios sobre el matrimonio y consiguientemente —al menos de manera implícita— acatan lo que la Iglesia tiene intención de hacer cuando celebra el matrimonio»[230]. Es decir, que aceptan las propiedades esenciales del matrimonio, que son la unidad y la indisolubilidad[231].

La Iglesia no considera necesario establecer otros criterios de admisión a la celebración eclesial del matrimonio, como por ejemplo el grado de fe de los contrayentes, que sería difícil de valorar y comporta además muchos riesgos: por ejemplo, se suscitarían dudas sobre la validez de algunos matrimonios.

Queda claro la importancia radical que la Iglesia da a la condición de bautizado, con el carácter indeleble que marca toda la vida del cristiano y la pertenencia a la Iglesia, como requisito necesario y suficiente para la validez del matrimonio sacramento (siempre que se respeten las propiedades esenciales del matrimonio, como decíamos antes)[232]. Una prueba más está en el hecho de que si dos cónyuges no bautizados y válidamente casados se bautizan, su matrimonio adquiere valor de sacramento por el solo bautismo, sin necesidad de ninguna otra ceremonia[233].

Los motivos de tipo social que algunos novios pueden tener para desear casarse en la Iglesia no son obstáculo —son motivos legítimos, pues todo matrimonio es una fiesta que une a familias y amigos—, siempre que estén presentes los otros requisitos que hemos recordado.

---

230 *Familiaris consortio*, n. 68

231 *Código de Derecho Canónico*, n. 1056

232 «El bautismo une y vincula a Cristo de tal manera que toda unión matrimonial (de un bautizado), para que sea verdadera, ha de ser siempre símbolo e imagen real del misterio de amor entre Cristo y la Iglesia» A. Sarmiento, *El matrimonio cristiano*, o.c. pag. 205.

233 *Ibidem*

Ahora bien, si «los contrayentes dan muestras de rechazar de manera explícita y formal lo que la Iglesia realiza cuando celebra el matrimonio de bautizados, el pastor de almas no puede admitirlos a la celebración»[234]. En estos casos el matrimonio no sería válido no por la falta de fe de los contrayentes, sino por exclusión de alguna de las propiedades esenciales, que afectaría al consentimiento.

Al matrimonio válido de los bautizados alejados de la Iglesia les falta, no obstante, una cualidad importante: *no son fructuosos*, no llevan consigo la gracia sacramental. Pero pueden adquirirla si los contrayentes —o ya esposos— progresan en su fe a otros sacramentos, concretamente la Confesión y la Eucaristía, y acaban participando en ellos.

DEDICACIÓN A LOS HIJOS Y CREENCIAS RELIGIOSAS DE LOS PADRES

Pasemos ahora a considerar otros temas que afectan también de modo importante a la familia. Veamos estos dos, que requieren una mayor atención, y por tanto podemos incluirlos entre las «sombras».

Se da con frecuencia una *equivocada concepción teórica y práctica de la independencia de los cónyuges entre sí y en la atención a los hijos.* Hay que evitar que la profesión del padre y también la de la madre ocupen un lugar prioritario —no ya en cuanto a las horas de dedicación, sino en cuanto a intereses—, marginando el tiempo y el interés de la dedicación a la familia (esposos entre sí, y a los hijos). A veces, durante una temporada, es difícilmente evitable por motivos económicos importantes, etc. Pero siempre se ha de estar atento a los legítimos derechos del cónyuge y de los hijos: si hay una preocupación real se sabrá

234 *Familiaris consortio*, n. 68

encontrar el tiempo y la atención necesaria. La atención a la familia ha de estar por delante de cualquier interés individual, por importante que sea.

Y junto a esto, *la pérdida de valores religiosos en matrimonios jóvenes,* que no viven ellos y no consideran importante inculcarlos a sus hijos. La trascendencia de esta actitud es mucho mayor de lo que a primera vista puede parecer. No se trata sólo de no vivir algunas prácticas externas de la religión, como puede ser la asistencia a la Misa dominical, o de no acudir al sacramento de la reconciliación con una cierta frecuencia. Como la fe afecta a la vida entera, a la concepción del hombre y de la sociedad, una vida agnóstica o indiferente hacia la religión necesariamente supone una consideración distinta de la educación, de las relaciones humanas, de la familia misma y de la sociedad. Desde la indiferencia religiosa es mucho más fácil incurrir en el relativismo moral y por tanto en el permisivismo; en el materialismo y consumismo, por no tener otros valores superiores a los que aspirar; y en el individualismo, relegando en la práctica una actitud solidaria con las necesidades de los demás.

En resumen: la indiferencia religiosa —que a veces puede revestir formas críticas, de cierta animadversión, hacia la religión— da lugar más fácilmente que su contrario a un tipo de familia encerrada en sí misma, poco generosa en cuanto al número de hijos, y con menos capacidad que una familia creyente para hacer frente a los problemas humanos que lleva consigo la convivencia familiar.

Puede señalarse también, en relación con lo que acabamos de decir, un *concepto equivocado de la libertad* en esos padres: piensan que coaccionarían a sus hijos si les transmitieran una enseñanza religiosa cuando son niños; opinan que es más respetuoso con la libertad esperar a que sean los propios hijos los que busquen la religión cuando sean mayores, si les interesa. Pero esta actitud es errónea, en primer lugar porque no transmitir valores religiosos —por ejemplo, no bautizar, no enseñar las oraciones y los rudimentos de la fe, no dar ejemplo yendo ellos mismos a Misa[235], etc.— no es una actitud «neutra» ante la fe, sino más bien una postura contraria a ella, aunque en abstracto pretenda ser respetuosa con posturas ajenas distintas. En segundo lugar, porque los padres toman, de hecho, muchas decisiones que afectan a la vida de sus hijos —sobre la salud y la educación, por ejemplo— mientras son niños; y las toman, y hacen bien, porque consideran que son beneficiosas para ellos. Pero la vida espiritual no es menos importante que la vida física. Y en tercer lugar, no es cierto que bautizar a los niños, enseñarles a rezar y a amar a Dios, etc., coaccione a nadie: por el contrario, contribuirá a darles un conocimiento más real y completo de lo que son ellos mismos -de lo que es el hombre- y, por tanto, podrán ejercitar con más conocimiento su libertad; y en todo caso, es claro que pueden abandonar las prácticas religiosas cuando lo deseen. No es el conocimiento lo que condiciona nuestra libertad, sino lo contrario: la ignorancia; es menos libre el que ignora.

PLANES DE ENSEÑANZA, COSTUMBRES, TELEVISIÓN, ETC

Los planes de enseñanza primaria y media más o menos agnósticos, la permisividad de las costumbres, la programación hedonista y violenta de muchos programas televisivos, etc., son otros problemas reales y graves que afectan negativamente a la familia.

«Puesto que los padres han dado la vida a los hijos, tienen la gravísima obligación de educar a la prole y, por tanto, hay que

235 Es muy conveniente conocer bien la Carta apostólica *Dies Domini* (1998), de Juan Pablo II, sobre la importancia del domingo, Día del Señor, en la vida cristiana personal y familiar.

reconocerlos como los primeros y principales educadores de sus hijos. Este deber de la educación familiar es de tanta trascendencia que, cuando falta, difícilmente puede suplirse»[236].

Yendo a lo esencial podríamos preguntarnos «¿en qué consiste la educación? Para responder a esta pregunta hay que recordar dos verdades fundamentales. La primera es que el hombre está llamado a vivir en la verdad y en el amor. La segunda es que cada hombre se realiza mediante la entrega sincera de sí mismo. Esto es válido tanto para quien educa como para quien es educado»[237]. También podría formularse la pregunta de otra manera: ¿cuál es la condición fundamental de todo proceso educativo auténtico?; y el Papa responde: «el reconocimiento y el respeto del hombre como hombre»[238].

Los padres pueden y deben intervenir, a través de las asociaciones de padres, etc., en la marcha de los planes de estudio de sus hijos, y tienen el derecho y el deber de buscar para sus hijos el tipo de enseñanza que más responda a sus convicciones personales: «Las familias, y más concretamente los padres, tienen la libre facultad de escoger para sus hijos un determinado modelo de educación religiosa y moral, de acuerdo con las propias convicciones. Pero incluso cuando confían estos cometidos a instituciones eclesiásticas o a escuelas dirigidas por personal religioso, es necesario que su presencia educativa siga siendo *constante y activa*[239].

---

236 C. Vaticano II, *Gravissimum educationis*, n. 3. «*Los padres* son *los primeros y principales educadores* de sus propios hijos, y en este campo tienen incluso una *competencia fundamental*: son *educadores por ser padres*. Ellos comparten su misión educativa con otras personas e instituciones, como la Iglesia y el Estado. Sin embargo, esto debe hacerse siempre aplicando correctamente el *principio de subsidiariedad*.» (Juan Pablo, *Carta a las Familias*, n. 16).

237 Juan Pablo II, *Carta a las Familias*, n. 16

238 *Ibidem*

239 *Ibidem*

Es indudable que el cambio de un país —para bien y para mal— pasa necesariamente por las aulas de enseñanza, desde los primeros años hasta la universidad; y es sabido que en países estatalistas el Estado niega, con frecuencia, en la práctica, el derecho a la libertad de enseñanza que tienen los padres: por ejemplo, dificultando o negando la ayuda necesaria a la enseñanza privada —que cumple un servicio público igual al menos a la estatal—; o relegando de hecho la asignatura de religión con procedimientos que dificultan el estudio y el interés por parte de los alumnos (por ejemplo, asignándole una hora intempestiva del horario escolar, sin alternativa alguna y sacándola del «curriculum» académico exigible, no retribuyendo adecuadamente a los profesores, etc.). A esto suele añadirse una concepción puramente pragmática de otras asignaturas humanísticas –Historia, Filosofía, Literatura, etc.–, en las que tiende a prescindirse de toda consideración trascendente, con una visión cerrada de la historia, meramente sociológica o política.

Menos admisible aún sería que los planes oficiales de enseñanza pretendieran apropiarse del derecho primario de la formación moral de los alumnos que corresponde a los padres. Por tanto sería contrario a este derecho de los padres el que se impusiera como obligatoria una o varias asignaturas en las que se diera una visión del sentido de la vida, de la persona, del matrimonio, de la familia, de la sexualidad, etc., contrarios a lo que los padres deseen para sus hijos. Ese «adoctrinamiento» iría también —en el caso de España, como de cualquier país libre— contra leyes fundamentales, como la Constitución[240].

240 *Constitución Española*, art. 16, 1: «Se reconoce la libertad ideológica, religiosa y de culto de los individuos y las comunidades...». Art. 27, 3: «Los poderes públicos garantizan el derecho que asiste a los padres para que sus hijos reciban la formación religiosa y moral que esté de acuerdo con sus propias convicciones». Los Obispos advierten del peligro de la asignatura «Educación para la ciudadanía», que se desea imponer en la enseñanza primaria y secundaria, porque de llevarse a cabo con carácter obligatorio tal y como

Los padres tienen derecho a rechazar para sus hijos «una cultura insolidaria y sin horizontes que conduce irremediablemente al vacío y al desaliento» y, por el contrario —si esas son sus convicciones— tener acceso a una escuela «auténticamente libre, en la que se imparta una verdadera educación religiosa» para el que lo desee, en igualdad de condiciones con otras asignaturas, «y en la que los derechos de la familia sean convenientemente atendidos y tutelados. Todo ello redundará en beneficio del bien común, ya que la instrucción religiosa contribuye a preparar ciudadanos dispuestos a construir una sociedad que sea cada vez más justa, fraterna y solidaria»[241].

Tampoco es necesario abundar mucho en la gran influencia real que ejerce la *televisión* en amplios sectores de la población y por tanto en las familias; y no sólo en los más jóvenes. Es conocido el elevado número de horas que pasan muchas personas delante de la televisión y aún más los fines de semana. La pérdida de tiempo —en detrimento del tiempo libre dedicado a la lectura, a la música, a la conversación en familia, etc.— es clara; más aún teniendo en cuenta la poca calidad de no pocos programas televisivos. A esto debe añadirse la elevada dosis —reconocida por todos los críticos de programas televisivos— de violencia y sexo, con el consiguiente influjo en muchos adolescentes, y también en adultos.

UNA «CIVILIZACIÓN ENFERMA»

En resumen, aunque resulte una conclusión negativa parece acertado decir que «nuestra civilización, aun teniendo tantos

está concebida sería «una inaceptable intromisión del Estado en la educación moral de los alumnos, cuya responsabilidad primera corresponde a la familia y a la escuela» (*Orientaciones morales ante la situación actual de España,* n. 18)

241 Juan Pablo II, Homilía en la Plaza de Colón, Madrid, 1993

aspectos positivos a nivel material y cultural, debería darse cuenta de que, desde diversos puntos de vista, es una *civilización enferma*, que produce profundas alteraciones en el hombre. ¿Por qué sucede esto? Porque nuestra sociedad se ha alejado de la plena verdad sobre el hombre, por consiguiente, no sabe comprender adecuadamente la entrega de las personas en el matrimonio, el amor responsable al servicio de la paternidad y la maternidad, la auténtica grandeza de la generación y educación»[242].

Podemos decir que está planteada una pugna —aunque no aparezca directamente como tal— entre la *familia tradicional o nuclear*, en la que procreación, afecto y ayuda mutua y satisfacción de las necesidades sexuales se dan unidas en el matrimonio, y la *familia incierta o «postnuclear»*, en la que esas tres dimensiones se dan por separado: el sexo se considera un placer que no tiene porque limitarse al amor y al matrimonio y, menos aún, condicionarlo a la procreación; el centro de gravedad de las preocupaciones de los padres ya no son los hijos sino ellos mismos. ¿Qué es lo más conforme con la dignidad y la naturaleza de la persona?

Naturalmente, mejorar y disminuir los problemas de la familia requiere empezar por mejorar las deficiencias de los jóvenes, que en unos años llegarán al matrimonio. Y para ello se han de tener en cuenta los cambios operados en la sociedad, de los que hemos hablado (permisividad de las costumbres, escepticismo ante instituciones como el noviazgo o el matrimonio, liberalidad en las relaciones afectivas, etc.). No obstante, según algunas encuestas recientes se aprecia una actitud cada vez más positiva ante el matrimonio por parte de los jóvenes, aunque muchos reconocen que es difícil encontrar la pareja ideal[243]; y por otra parte algunas de las preguntas requerirían una mayor

242 Juan Pablo II, *Carta a las Familias*, n. 20
243 cfr. S. del Campo, o.c, pág. 57 (encuesta del CIRES, de 1990).

precisión, para valorar más adecuadamente el valor atribuido a la familia[244]. En todo caso, conviene no olvidar que los datos estadísticos, aunque sean fiables, no hacen más que reflejar una situación de hecho, pero no deben marcar la norma de conducta a seguir, pues desgraciadamente «lo que es» puede no coincidir con «lo que debería ser».

LA IDEOLOGÍA DE GÉNERO

Dedicaremos unas páginas a esta corriente de pensamiento —a la que nos hemos referido brevemente antes— para hacerse cargo mejor de las graves consecuencias que tiene para la mujer, para el matrimonio, la familia y la educación de los hijos. Tanto más porque «algunas ideologías de este tipo (...) procuren imponerse como un pensamiento único que determine incluso la educación de los niños»[245], apropiándose dictatorialmente dc un derecho que sólo pertenece a los padres.

LA COLABORACIÓN DEL HOMBRE Y LA MUJER

Vamos a comenzar por hacer un resumen de las ideas expuestas en la Carta de la Congregación de la Doctrina de la fe que sobre este tema se publicó en el 2004, donde se aborda el fondo de la llamada ideología de género[246]. Firma el documento el

244 cfr. Universidad de Deusto-Fundación Santa María, «España 2000, entre el localismo y la globalidad. La Encuesta Europa de Valores en su tercera aplicación, 1981-1999. Puede verse una valoración crítica de esos datos hecha por Aurora Pimentel, en Aceprensa, 31-I-2001, 13/01

245 *Amoris laetitia*, n. 56

246 Congregación para la Doctrina de la Fe, *Carta a los Obispos de la Iglesia católica sobre la colaboración del hombre y la mujer en la Iglesia y en el mundo*, 31-V-2004

entonces Prefecto de la Congregación, Cardenal Ratzinger, hoy Benedicto XVI.

La Iglesia, siempre interesada en todo lo que se refiere al hombre y a la mujer, «se siente ahora interpelada por algunas corrientes de pensamiento, cuyas tesis frecuentemente no coinciden con la finalidad genuina de la promoción de la mujer». Ante esto, la Iglesia expone algunos presupuestos «para una recta comprensión de la colaboración activa del hombre y la mujer en la Iglesia y en el mundo, en el reconocimiento de su propia diferencia».

El problema radica en que en los últimos años ha habido una tendencia errónea a «subrayar fuertemente la condición de subordinación de la mujer» —subordinación al hombre— para justificar así «una actitud de contestación». La mujer, para ser ella misma, «se constituye en antagonista del hombre», lo que da lugar a «una rivalidad entre los sexos», lo que tiene «su implicación más inmediata y nefasta en la estructura de la familia». Y para evitar cualquier supremacía de un sexo sobre otro, «se tiende a cancelar las diferencias, consideradas como simple efecto de un condicionamiento histórico-cultural». El sexo con el que se nace no tendría mayor importancia, porque lo principal es «el género» masculino o femenino que libremente se escoja, independientemente del sexo. El «género» sería una dimensión estrictamente cultural.

Así, se da lugar a una antropología que en vez de favorecer la igualdad de la mujer con el hombre, cuestiona la familia compuesta por un padre y una madre, equipara la homosexualidad a la heterosexualidad, y abre la puerta a una sexualidad polimorfa.

Aunque la «bandera» con que se presenta esta ideología es el feminismo, la motivación más profunda es el empeño en liberar a la persona humana de sus «condicionamientos biológicos»: la naturaleza, dicen, no debe imponer ninguna ley; es la persona la que se configura según sus propios deseos, libre de toda predeterminación vinculada a su constitución esencial (cfr. nn. 1-3).

La Sagrada Escritura aporta datos fundamentales sobre la antropología. Del primer relato de la Creación que nos narra el Génesis (Gen 1,1-2,4) vemos que «creó Dios al ser humano a imagen suya, a imagen de Dios los creó, hombre y mujer los creó» (Gen 1,26-27). Por tanto «es esta humanidad sexuada la que se declara explícitamente 'imagen de Dios'».

Del segundo relato (Gen 2,24-25) aprendemos «la importancia de la diferenciación sexual», pues el autor sagrado nos dice que Adán «necesita una ayuda que le sea adecuada», es decir, no alguien que desempeñe «un papel subalterno, sino una ayuda vital», necesita entrar en relación, para subsistir, «con otro ser que se halle a su nivel, y esta sólo es la mujer, creada de su misma «carne».

Vemos, por tanto, el *carácter relacional del hombre y la mujer.* «La mujer es otro 'yo' en la humanidad común», escribió Juan Pablo II. Así desde el principio, el hombre y la mujer aparecen como «unidad de los dos». Ayuda de la mujer no sólo en orden a la acción, sino también como compañera de la vida con la que el hombre se puede unir, como esposa, llegando a ser con ella «una sola carne».

La diferencia vital entre el hombre y la mujer está por tanto orientada a la comunión entre ambos. En esa unidad de los dos, «son llamados desde su origen no sólo a existir uno al lado del otro, sino también a existir recíprocamente el uno para el otro. El matrimonio es la dimensión primera, y en cierto sentido fundamental de esta llamada». Concluye el relato diciendo que era «muy bueno» cuanto Dios había hecho sobre la creación del hombre. Aquí está «el designio originario de Dios y la verdad más profunda del hombre y la mujer, tal como Dios lo ha querido».

Pero este designio fue alterado por el pecado original, tras la seducción de la Serpiente, y los pecados personales. El hombre rechaza a Dios, rechaza la diferencia entre Dios y la humanidad, quiere ser como Dios: «considera a Dios como su enemigo y pervierte la relación misma entre el hombre y la mujer», lo que a su vez dificulta el acceso a Dios. «En esta trágica situación, se pierden la igualdad, el respeto y el amor que, según el diseño originario de Dios, exige la relación del hombre y la mujer» (nn. 3-7).

De estos relatos se deducen «*algunos datos capitales de la antropología bíblica*», tales como: el carácter personal del ser humano, ya sea hombre o mujer; ambos han sido creados a imagen y semejanza del Dios personal; la igual dignidad se realiza como complementariedad física, psicológica y ontológica, lo que da lugar a una «uni-dualidad» relacional que sólo el pecado hace potencialmente conflictiva.

Se ve también «*el sentido de la diferencia de los sexos como realidad inscrita profundamente en el hombre y la mujer*», no sólo en el plano físico, sino también en el psicológico y en el espiritual, con su impronta en todas sus manifestaciones. Así, la diferencia sexual «no puede ser reducida a un puro e insignificante dato biológico, sino que es un elemento básico de la personalidad; un modo propio de ser, de manifestarse, de comunicarse con los otros, de sentir, expresar y vivir el amor humano» (n. 8).

VALORES FEMENINOS

Por otra parte, pueden señalarse también algunos valores fundamentales de la mujer, como son «la capacidad de acogida del otro»: lo mejor de su vida se orienta al «*despertar del otro*, a su crecimiento y protección». Esto está unido a «su capacidad física de dar la vida», que le permite «adquirir muy pronto madurez, sentido de la gravedad de la vida y de las responsabilidades que ésta implica». Tiene también «el sentido y el respeto por lo concreto» y «una capacidad única de resistir en las adversidades», de «conservar un tenaz sentido del futuro» y de «recordar con lágrimas el precio de cada vida humana» (n. 13).

De aquí se deduce «el papel insustituible de la mujer en los diversos aspectos de la vida familiar y social que implican las relaciones humanas y el cuidado del otro». Es lo que Juan Pablo II llamó «el genio de la mujer». La legislación y la organización del trabajo, debe permitir que la mujer pueda compaginar su misión dentro de la familia y su participación en el mundo del trabajo laboral y de la organización social.

En última instancia, todo ser humano, hombre o mujer, está destinado a ser «para el otro». Así la «feminidad», más que un simple atributo del sexo femenino es «la capacidad fundamentalmente humana de vivir para el otro y gracias al otro. Proponerse la lucha de sexos «sólo puede ser una ilusión y un peligro, destinados a acabar en situaciones de segregación». La mujer no debe vivir desconfiada y a la defensiva. Es necesario que la relación entre el hombre y la mujer «sea vivida en la paz y felicidad del amor compartido» (n. 14).

EN QUÉ CONSISTE LA IDEOLOGÍA DE GÉNERO

«Detrás del uso cada vez más difundido de la expresión 'género', en vez de la palabra 'sexo', se esconde una ideología que pretende eliminar la idea de que los seres humanos se dividen en dos sexos. Esta ideología quiere afirmar que las diferencias entre el hombre y la mujer, más allá de las obvias diferencias anatómicas, no corresponden a una naturaleza fija, sino que son producto de la cultura de un país o de una época determinados. Según esta ideología, la diferencia entre los sexos se considera como algo convencionalmente atribuido por la sociedad y cada uno puede 'inventarse' a sí mismo. Desaparece la diferencia entre lo que está permitido y lo que está prohibido en este ámbito»[247].

Estas afirmaciones, que van contra la evidencia y el sentido común, llevan a afirmar que hay más de dos géneros todos igualmente válidos (el homosexual masculino o femenino, el heterosexual, el bisexual y el transexual), así como toda forma de relación sexual fuera del matrimonio. Junto con la desaparición de los sexos, propugnan la desaparición de la familia porque, según esta ideología, la familia es fuente de opresión de la mujer. Difunden también la libre elección de reproducción, que quiere decir derecho al aborto, derechos reproductivos de las lesbianas, derecho de las lesbianas a concebir hijos a través de inseminación artificial y adoptar legalmente a los hijos de sus compañeras. La reproducción sería resultado sólo de algunos encuentros sexuales heterosexuales[248]

---

247 Consejo Pontificio para la Familia, *Léxicon. Términos ambiguos y discutidos sobre familia, vida y cuestiones éticas*, Ed. Palabra, 2004, pág. 575 (Artículo *Ideología de género: sus peligros y alcance*, por Oscar Alzamora Revoredo). Escribe Judith Butler, feminista radical y una de las «fundadoras» de la ideología de género: «El género es una construcción cultural; por consiguiente, no es ni resultado causal del sexo ni tan aparentemente fijo como el sexo... Al teorizar que el género es una construcción radicalmente independiente del sexo, el género mismo viene a ser un artificio libre de ataduras; en consecuencia, hombre y masculino podrían significar tanto un cuerpo femenino como uno masculino; mujer y femenino, tanto un cuerpo masculino como uno femenino» (J. Butler, *El problema del género: el feminismo y la subversión de la identidad*, Routledge, New Cork, 1990, 6). La Conferencia de Pekín de 1995 sobre la Mujer contribuyó a la difusión de estas ideas por Estados Unidos y otros países, e introdujo, por influencia de algunas feministas de género, el uso del término «género» en sustitución de «mujer» o de masculino y femenino, según la Dra Dale O´Leary, especialista en ensayos sobre la mujer y participante en dicha Conferencia.

248 A modo de ejemplo citamos algunos textos de feministas de género influyentes. Son citados por la especialista Dra. Dale O'Leary, en su trabajo *El feminismo de género. Corrientes de pensamiento que impiden la promoción de la mujer*, publicado en L'Osservatore Romano, n. 47, el 19-XI-2004. Shulamith Firestone, en The Dialectics of Sex, 1970, afirmaba que «para garantizar la eliminación de las clases sexuales, es preciso que la clase opri-

El feminismo no radical o de paridad había conseguido la igualdad de derechos del hombre y la mujer. Pero para las feministas radicales esto no era suficiente, porque mientras existiera el sexo o «género» masculino y femenino, la mujer seguiría estando sometida al varón, afirmaban. El sometimiento sólo desaparecerá cuando ser varón o mujer no esté supeditado al sexo con el que se nazca, sino elección libre de cada individuo[249].

---

mida (las mujeres) se rebele y tome el control de la función reproductiva (...). Por ello el objetivo final de la revolución feminista debe ser diverso del primer movimiento feminista: la eliminación no sólo del privilegio masculino, sino incluso de la distinción de los sexos» (p. 12). El núcleo de la opresión de las mujeres radica precisamente en su función de gestación y educación de los hijos (p. 72).

Los representantes del Consejo de Europa en Pekín propusieron que «deben escucharse las voces de mujeres jóvenes, ya que la vida sexual no gira sólo alrededor del matrimonio. Deben reconocerse los derechos reproductivos de la mujer lesbiana» (Council of Europe, Equality and Democracy, 25).

La Comisión Internacional de los Derechos Humanos de Homosexuales y Lesbianas propusieron en Pekín que se reconociera el «derecho» a determinar la propia identidad sexual, el derecho a establecer relaciones de intimidad, a escoger cuándo y con quién engendrar y criar hijos, sin distingo de orientación sexual (cfr. *Lexicon...*, pág 587).

Rebecca J. Cook, Profesora de Derecho en la Universidad de Toronto y redactora de la aportación oficial de la ONU en Pekín, afirma «que los sexos ya no son dos, sino cinco» y por tanto no se debería hablar de hombre y mujer, sino de «mujeres heterosexuales, mujeres homosexuales, hombres heterosexuales, hombres homosexuales y bisexuales» (Ibidem). Como diremos después, esta afirmación es gratuita y va contra todas las pruebas científicas existentes: genéticamente, o se es hombre o se es mujer, no hay ninguna posibilidad intermedia.

249 Nancy Chodorow, en *The reproduction of mothering* (1978) sostiene que mientras la función de criar a los hijos siga siendo prerrogativa de la mujer, los niños crecerán viendo a la humanidad dividida en dos clases diferentes y desiguales, y según ella esto es causa de la aceptación «de clase».

Alison Jagger, en Political Phisolohies of Women's Liberation, Feminism and Philosophy, 1977, p. 13 (Littlefield, Adams and Company, Totowa, Nueva Jersey,), sostiene que «la desaparición de la familia biológica eliminará también la exigencia de la represión sexual (...) La humanidad podrá, finalmente, recuperar su sexualidad natural, caracterizada por una perver-

El término «feministas de género» fue acuñado en primer lugar por Christina Hoff Sommers, en su libro ¿Quién robó el feminismo?, para distinguir el feminismo radical surgido hacia fines de los años 60, del anterior movimiento feminista de paridad. «Las feministas de equidad o de paridad quieren para la mujer lo que quieren para todos. Por el contrario, el feminismo de género es una ideología que pretende abarcarlo todo», para terminar con lo que consideran un «sistema patriarcal opresivo»[250]. La naturaleza estorba, y por tanto hay que hacerla desaparecer[251]

Cambiar la sociedad («descontruir», suelen decir) requiere, dicen, no sólo hacer desaparecer la distinción entre los sexos, sino también cambiar el lenguaje, las relaciones familiares, la reproducción —como decíamos—, la educación, la religión y la cultura[252]. La religión la consideran causa principal de la opresión de la mujer[253]. Sobre la educación, propugnan

---

sidad polimorfa». (ambos textos citados también por la Dra 0'Leary en El feminismo de género)

250 cfr. Entrevista a C. Hoff Sommers, en *Faith and Freedom*, 1994, 2. Citado en *Léxicon..., o.c.*,, pág. 578

251 «Lo natural no es necesariamente un valor humano —escribe la ya citada Shulamith Firestone—. La humanidad ha comenzado a sobrepasar a la naturaleza; ya no podemos justificar la continuación de un sistema discriminatorio de clases por sexos sobre la base de sus orígenes en la naturaleza. De hecho, por la sola razón de pragmatismo empieza a parecer que debemos deshacernos de ella» (*The Dialiectic of Sex*, 10).

252 Pretenden cambiar los término padre, madre, marido, mujer por palabras «género-neutrales» y que no haya diferencias de conducta ni de responsabilidad entre el hombre y la mujer en la familia. Se trata de llegar a una sociedad sin clases de sexo. Si desaparecen «los hombres» desaparecen los privilegios masculinos; y si desaparece «la mujer» desaparece la opresión a las mujeres, «y las muchas injusticias —dicen— perpetradas en nombre de la desigualdad entre los géneros» (Cfr. *Léxicon...*, oc., pag 583, citando el material de trabajo del Curso Re-Imagen del Género, en Pekín, 1995).

253 Así por ejemplo, el informe de la reunión preparatoria del Consejo Europeo para la Conferencia de Pekín afirmaba que «el surgimiento de toda forma de fundamentalismo religioso se considera como una especial amenaza al disfrute por parte de la mujer de sus derechos humanos y a su plena partici-

que «las niñas deben ser orientadas hacia áreas no tradicionales y no se las debe exponer a la imagen de la mujer como esposa o madre, ni se les debe involucrar en actividades feministas tradicionales».[254] Conviene recordar que este ataque contra la familia va en contra del art. 16 de la Declaración Universal de Derechos Humanos de la ONU, en 1948, que defiende enfáticamente la familia y el matrimonio.

Como ya dijimos, la Dra O'Leary confirma que el propósito de las feministas radicales «no es mejorar la situación de la mujer, sino separar a la mujer del hombre y destruir la identificación de sus intereses con los de sus familias»[255].

En contra de estas posturas de ataque y agresión a la religión, y concretamente a la religión católica, están las de la mayor parte de las mujeres del mundo, que defienden sus tradiciones religiosas como la mejor de las protecciones de los derechos y la dignidad de la mujer. «Mujeres católicas, evangélicas, ortodoxas y judías agradecen en particular las

---

pación en la toma de decisiones a todo nivel en la sociedad» (*Léxicon*», pág. 588). Llaman fundamentalismo a toda doctrina (sean los católicos, ortodoxos, evangélicos, judíos o musulmanes) que rehúse ajustar sus enseñanzas a la agenda del «feminismo de género». Dichas feministas llegan a afirmar que la religión es un invento humano y las religiones principales fueron inventadas por hombres para oprimir a las mujeres. (cfr. Ibidem).

254 *Léxicon...*, pág. 583. cfr. Discurso de la Presidenta de Islandia, Consejo Europeo, II.1995, en preparación para la Conferencia de Pekín. Por el contrario, Juan Pablo II, en la entrevista que sostuvo con Gertrude Mongella, Secretaria General de la Conferencia de la Mujer en Pekín, dijo: «No hay respuesta a los temas sobre la mujer, que pueda pasar por alto la función de la mujer en la familia. Para respetar este orden natural es necesario hacer frente a la concepción errada de que la función de la maternidad es opresiva para la mujer» (citado en *Léxicon...*, pág 586).

255 *Lexícon...*, pág. 580. Esta afirmación la confirma la feminista Heidi Hartmann, que escribe: «La cuestión de la mujer nunca ha sido la cuestión feminista. Esta se dirige a las causas de la desigualdad sexual entre hombres y mujeres, del dominio masculino sobre la mujer» (citado en el mismo lugar).

enseñanzas de sus credos sobre el matrimonio, la familia, la sexualidad y el respeto por la vida humana»[256]

ANTECEDENTES DE ESTA IDEOLOGÍA

Estas ideas tienen antecedentes en la ideología neo-marxista, por su visión distorsionada de la realidad, que analiza a través de los esquemas de lucha de clases. De hecho, Federico Engels, en su libro *El origen de la familia, propiedad privada, E stado*, sostiene que «el primer antagonismo de clases de la historia coincide con el desarrollo del antagonismo entre el hombre y la mujer en el ámbito del matrimonio monógamo; y la primera opresión de clase, con la del sexo femenino por parte del masculino»[257]. De ahí que las feministas de género no busquen, en el fondo, la mejora de la situación de la mujer, lo que es noble y necesario siempre que existan situaciones de injusticia en el ámbito familiar, profesional, etc. «Lo que se busca -ya lo hemos dicho- es la anulación de lo femenino y lo masculino en cuanto condición dada por la naturaleza humana. Sin embargo, no se puede desnaturalizar al ser humano sin cargar con las consecuencias graves que de ello se derivan»[258].

Para los marxistas clásicos, el sistema de clases —según la Dra O´Leary— desaparecería cuando se eliminara la propiedad privada, se facilitara el divorcio, se aceptara la ilegitimidad, la mujer entrara en el mundo laboral, los niños estuvieran cuidados por el Estado y se eliminara la religión. Las feministas de género opinan que los marxistas fracasaron porque se

---

256 *Léxicon...*, pág. 589.
257 cfr. Dale O´Leary, *El feminismo de género*, oc.
258 Genara Castillo, Universidad de Piura (Perú), Boletín «desdelcampus», febrero, 2003

concentraron en soluciones económicas, sin atacar directamente a la familia, que según ellas es la verdadera causa de las clases[259].

Según Mons. Reig Plá, actualmente Presidente de la Subcomisión Episcopal Española de Familia y Vida, se debe tener también en cuenta como antecedente la revolución sexual de los años 60: «se reúnen los peores aspectos del pensamiento marxista y neoliberal radical respecto a la sexualidad, la persona y el matrimonio»; y el influjo del existencialismo ateo de Simona de Beauvoir: ¡No naces mujer, te hacen mujer»!, escribía en 1949.

Con la revolución sexual, primero se separa la sexualidad del matrimonio (el llamado «amor libre»). También se separa la sexualidad de los hijos (anticoncepción y después el aborto). Sigue la sexualidad sin amor (sexo, pornografía, prostitución). Luego la «producción» de hijos sin relación sexual (fecundación «in Vitro»). Por último, la cultura unisex y el feminismo radical separa la sexualidad de la persona: ya no hay varón y mujer; el sexo es un dato anatómico sin relevancia antropológica; el cuerpo ya no «habla» de la persona ni de la complementariedad sexual que expresa la vocación a la donación, por amor.[260]

La ideología de género debe gran parte de su difusión al movimiento pseudoreligioso sincretista, de influencia oriental «La Nueva Era» (New Age), y al movimiento gay. La Nueva Era es contraria al cristianismo; niega verdades fundamentales como la divinidad de Jesucristo y de la Iglesia. Es como una religión a la carta en la que cada uno escoge lo que le interese. Se presenta como una nueva religión, una nueva era a la que el mundo debe llegar en la que todo será libertad, felicidad

259 cfr. S. Firestone, *The Dialectic of sex* (New York, 1970), 12 (citado más arriba: cita n. 3).

260 cfr. Entrevista a Mons. Juan Antonio Reig Plá, Alba, II.2005

y progreso. Su influencia es mayor en Estados Unidos[261]. En cuanto al movimiento gay, difunde esta ideología porque les interesa una sexualidad completamente libre, no ligada a la naturaleza. Asociaciones poderosas como la Federación Internacional de Planificación Familiar también la han acogido y apadrinado, por su relativismo moral. Y han conseguido que esté presente en los foros de las Naciones Unidas y en algunas leyes del Parlamento Europeo, y en España.

Formas diversas de relaciones afectivas o sexuales han existido siempre (concubinato, adulterio, homosexualidad...), pero de ordinario esas situaciones eran consideradas por todos como no legítimas, no válidas, inmorales. Hoy, por un planteamiento ideológico, algunos pretenden equiparar alguna de esas formas al matrimonio y a la verdadera familia.

Habrá que insistir en la realidad humana del matrimonio y la familia: un hombre y una mujer que se quieren, que se han entregado el uno al otro de por vida en el matrimonio, y que fruto de ese amor tienen hijos a los que educan, y viven unidos. A veces el núcleo familiar se amplía con los abuelos y otros parientes. Y ese núcleo familiar es esencial para aprender los valores cívicos fundamentales, para la atención de los niños y los mayores, para la estabilidad de la sociedad, etc.

Por esta clara e importante repercusión social es por lo que el matrimonio necesita ser protegido por las leyes. Mientras que las relaciones sexuales de dos personas del mismo sexo no tienen relevancia social, porque no generan nuevas vidas, como no la tienen tampoco las relaciones sexuales de dos personas de distinto sexo, vivan juntas o no, mientras sea una mera situación de hecho, sin el compromiso de estabilidad y apertura a la vida propia del matrimonio. Por eso son

261 Para una información detallada, cfr. Consejo Pontificio de la Cultura y Consejo Pontificio para el Diálogo Interreligioso, *Jesucristo, portador del agua de la vida. Una reflexión cristiana sobre NEW AGE*, Ed. Palabra, 2003.

situaciones esencialmente distintas al matrimonio y no deben equipararse a él, ni tienen porqué tener, en principio, un reconocimiento civil, aunque pueda estudiarse alguna fórmula para proteger posibles derechos que pudieran derivarse de una convivencia prolongada, lo que podría ser aplicable también a otras convivencias que no tuvieran una finalidad sexual, sino de ayuda, etc.

LA TEORÍA ERRÓNEA DEL DR. MONEY

El Dr. John Money[262], de la Universidad John Hopkins de Baltimore (USA) comenzó a usar la palabra *género* como la conciencia individual que de sí mismo tiene una persona, que puede ser de hombre o de mujer independientemente de su sexo biológico. Dependerá, decía, de cómo haya sido educado. Además, sostenía que se podría cambiar el sexo de una persona Y que a los niños nacidos con órganos genitales ambiguos se les podría asignar un sexo diverso del genético mediante una operación quirúrgica. En 1972 intentó demostrarlo con el caso de un gemelo monocigótico, varón, al que habían destruido el pene en una operación de circuncisión. El Dr. Money aconsejó a los padres que le castrasen y le educasen como si fuese una niña. Publicó un libro —*Man and Woman, Boy and Girl*— en el que decía que había sido un éxito: explicó que el niño se había adaptado perfectamente a la identidad femenina, mientras que su hermano homocigótico, varón, se desarrollaba como tal. Por tanto, parece que había demostrado que la educación puede cambiar la naturaleza. En la década de los años 70 las feministas apoyaron este caso a su favor.

Pero años más tarde, en 1997, otro médico, el Dr. Milton Oiamond, experto en el efecto prenatal de la testosterona sobre

262 Para una información más detallada, cfr. *El feminismo de género*, o.c.

la organización cerebral, reveló que el Dr. Money no había referido fielmente el resultado del caso de los gemelos. Y publicó sus resultados en una revista pediátrica[263]. El Dr. Oiamond logró conectar con el terapeuta que había atendido al gemelo y descubrió que el niño, a medida que fue creciendo, no aceptó nunca que fuera una niña y nunca se había adaptado al papel femenino. A los 14 años mostró tendencias suicidas. Uno de los terapeutas que tuvieron que ayudarle impulsó a los padres a revelar la verdad. Se sometió a operaciones quirúrgicas reconstructivas del pene, muy complicadas, y se casó[264].

Investigaciones sucesivas sobre el desarrollo cerebral han demostrado que, ya antes del nacimiento, los cerebros masculinos y femeninos son notablemente diversos, lo que influye, entre otras cosas, en el modo en que el recién nacido percibe visualmente el movimiento, el color y la forma: según estos estudios, se puede hablar de una «predisposición biológica» de los niños hacia juguetes típicamente masculinos y de las niñas hacia juguetes típicamente femeninos[265].

Otros estudios hacen ver la importancia de la relación entre madre e hijo durante el primer mes de vida. Un vínculo sólido entre la madre y el hijo es muy importante para el desarrollo emotivo[266].

Los que defienden la ausencia de diferencias significativas entre niños educados por uniones homosexuales y niños educados por padres naturales en el matrimonio, se basan en unos

---

263 cfr. Milton Oiamond and H.K. Sigmudson, *Sex Reassignment at Birth: A long Term Review and Clinical implications,* Archives of Pedriatrics, n. 151, marzo, 1997, pp. 298-304

264 La historia de estos gemelos está recogida en John Colapinto, *As Nature Made Him*, Harper Collins, Nueva York 2000, pág. 69

265 cfr. Gerianne Alexander, *An Evolutionary Perspectiva of Sex-Tiped Toy Preferente: Pink, Blue and the Brain,* Archives of Sexual Behavaior, vol. 32, 1, febrero, 2003, págs. 7-14

266 cfr. Shore, *Affect Regulation and the Origin of Self.* The Neurobiology of Emotional Development, pág. 540

estudios que, según diversos expertos, carecen de validez: el prof. Lylnn Wardle afirma que «la mayor parte de los estudios sobre los padres homosexuales se basa en investigaciones cuantitativas que no merecen crédito, pues están viciadas desde el punto de vista metodológico y analítico (algunas son de una calidad poco menos que anecdótica) y proporcionan una base empírica demasiado débil para determinar políticas públicas»[267]. Por otra parte, muchos estudios confirman cómo la presencia de un padre y una madre mejora el bienestar de los hijos[268].

EN DEFENSA DE LA MUJER, Y DEL HOMBRE

La Iglesia tiene el grave deber de defender cuanto afecte a la dignidad de la mujer y de toda persona humana, y por tanto a la vida humana desde su concepción, al matrimonio, a la familia, a la moral sexual, etc. De ello depende en gran parte, entre otras cosas importantes, la verdadera paz en el mundo. Lo ha recordado Benedicto XVI en la Jornada Mundial de la Paz del 2007: «Es preciso —decía— dejarse guiar por una visión de la persona no viciada por prejuicios ideológicos y culturales, o intereses políticos y económicos, que inciten al odio y a la violencia (...) Pero hoy la paz peligra no sólo por el conflicto entre las concepciones restrictivas del hombre, o sea, entre las ideologías. Peligra también por la *indiferencia ante lo que constituye la verdadera naturaleza del hombre.* En efecto, son muchos en nuestros tiempos los que niegan la existencia de una naturaleza humana específica, haciendo así posible las más extravagantes interpretaciones de las dimensiones constitutivas esenciales

---

267 cfr. Lynn Wardle, *The Potencial Impact of Homosexual Parentign of Children*, University of Illinois Law Review, 833, 1977.

268 Ronald Rohner and Robert Veneziano, *The Importante of Father Lave: History and Contemporary Evidence*, Review of General Psychology, diciembre, 2001, vol 5l, n. 4, págs. 382-405.

del ser humano. También en esto se necesita claridad: una consideración «débil» de la persona, que dé pie a cualquier concepción, incluso excéntrica, sólo en apariencia favorece la paz»[269].

También el Santo Padre, en su discurso a la Curia Romana de finales de año, ha insistido en que «las funestas teorías que quitan toda importancia a la masculinidad y a la feminidad de la persona humana, como si se tratara de un hecho puramente biológico» llevan a «una depreciación de la corporeidad, de la cual se sigue que el hombre, al querer emanciparse de su cuerpo —de la «esfera biológica»— acaba por destruirse a sí mismo». Son palabras fuertes, pero desgraciadamente ciertas, comprobables. Y contra los que pretenden que la Iglesia no se pronuncie sobre estos temas, afirma: «si nos dicen que la Iglesia no debería entrometerse en estos asuntos, entonces podemos limitarnos a responder: ¿Es que el hombre no nos interesa? Los creyentes, en virtud de la gran cultura de su fe, ¿no tienen acaso el derecho de pronunciarse en todo esto? ¿No tienen —no tenemos— más bien el deber de alzar la voz para defender al hombre, a la criatura que precisamente en la unidad inseparable de cuerpo y alma es imagen de Dios?[270].

Como escribe la Dra. O'Leary, «cuando las sociedades estimulan el sexo fuera del matrimonio, el aborto, la mentalidad anticonceptiva y el divorcio, quien sufre las consecuencias es la mujer. Cuando se respeta el matrimonio, y la castidad es la norma, se salvaguarda la dignidad de la mujer (...) Una lucha interminable entre clases sexuales, no llevará a la liberación de la mujer. Una antropología desviada, que ignore las diferencias entre lo sexos, deja a la mujer en la no envidiable situación de tratar de imitar la conducta masculina o de gastar sus energías en el vano intento de transformar al hombre en pseudos-mujer»

269 Benedicto XVI, *Mensaje con motivo de la Jornada Mundial de la Paz*, 8-XII-2006, n. 10 y 11

270 Benedicto XVI, *Discurso a la Curia Romana*», 22-XII-2006

Por el contrario, debe haber una colaboración fructuosa entre los dos sexos, diversos y a la vez con igual dignidad. «Dios, que creó al ser humano varón y mujer, que instituyó el matrimonio y la familia, y dictó las leyes que gobiernan la moral, es incapaz de injusticia. Por tanto, las mujeres no tienen nada que temer de una cultura que comprende y respeta las diferencias entre hombres y mujeres»[271].

D. Rasgos principales de la familia

A pesar de las abundantes «sombras», que pesan sobre la institución familiar, ella —cada familia en particular— está llamada a recuperar sus «luces» si las hubiera perdido, con todo su brillo, con todo su calor y atractivo humano y espiritual; o a reforzarlas para servir de estímulo y orientación a otras muchas. Vamos a recordar algunos de los principales rasgos positivos de la familia.

COMUNIDAD DE VIDA Y DE AMOR

Probablemente una de las mejores maneras de decir qué es la familia consiste en describirla como «íntima comunidad de vida y de amor»[272]. Este rasgo esencial, aunque se aplica por el Magisterio de la Iglesia a la familia cristiana en particular, puede decirse de toda verdadera familia. El amor —ha escrito Juan Pablo II— es «el principio interior, la fuerza permanente y la meta última» de la familia, por lo que «*sin el amor la familia no puede vivir, crecer y perfeccionarse como comunidad de*

271 *El feminismo de género*, oc.

272 *Gaudium et Spes*, n. 48. «*La familia constituye la base de lo que Pablo VI calificó como 'civilización del amor'*, expresión asumida después por la enseñanza de la Iglesia y considerada ya normal» (Carta a las Familias, n. 13)

personas»[273]. Esta afirmación del Papa está en consonancia con lo que había escrito en un documento anterior: «El hombre no puede vivir sin amor. Permanece para sí mismo un ser incomprensible, su vida está privada de sentido, si no le es revelado el amor, si no se encuentra con el amor, si no lo experimenta y no lo hace propio, si no participa en él vivamente»[274]. Y el «lugar» más común en el que el hombre encontrará y experimentará ese amor es en el seno de la familia a la que pertenece.

El amor entre los esposos, entre los padres y los hijos y los demás miembros que constituyan la comunidad familiar —de la que de algún modo también forman parte los empleados que a veces trabajan en la casa familiar— constituye el rasgo más fundamental de la familia. La unión, la armonía, la felicidad de la familia dependerá, sobre todo, de la calidad de ese amor, por encima de circunstancias económicas, de salud, etc. El amor puede y debe darse en toda familia, pero es indudable que en las familias cristianas debe estar aún más presente, porque son un reflejo del amor de Cristo por su Iglesia[275]: han de ser «*escuela de humanidad* más completa y más rica»[276]; en particular «con el cuidado y el amor hacia los pequeños, los enfermos y los ancianos; con el servicio recíproco de todos los días, compartiendo los bienes, alegrías y sufrimientos»[277].

Una de las mejores manifestaciones del amor entre los esposos es la *indisolubilidad* de su unión, de la que ya hemos hablado. La separación y la ruptura, de hecho, del vínculo, es consecuencia de la pérdida de ese amor, que subjetivamente se considera irrecuperable. Y sin duda, en nuestros días, «dar testimonio del inestimable valor de la indisolubilidad y fidelidad matrimonial

---

273 *Familiaris consortio*, n. 18
274 Juan Pablo II, Enc. *Redemptor hominis*, n. 10
275 cfr. *Familiaris consortio*, n. 13
276 *Gaudium et spes*, n. 52
277 *Familiaris consortio*, n. 21

es uno de los deberes más preciosos y urgentes», lo que atañe particularmente a las parejas cristianas[278]: los cristianos no deben olvidar que «el ideal de la familia cristiana» se basa «en la unidad y fidelidad del matrimonio, abierto a la fecundidad, guiado por el amor»[279]. A los cristianos, la Iglesia enseña que la incansable fidelidad con que Dios y Jesucristo aman a todos los hombres debe servir de esperanza y fortaleza para superar las dificultades que los matrimonios puedan encontrar en su camino de fidelidad, de la que el mundo está hoy tan necesitado.

Es importante *«ganarse» el amor del cónyuge cada día*, para que se sigan queriendo con el amor ilusionado que se tuvieron cuando eran novios: «para que en el matrimonio se conserve la ilusión de los comienzos, la mujer debe tratar de conquistar a su marido cada día; y lo mismo habría que decir al marido con respecto a su mujer. El amor debe ser recuperado en cada nueva jornada, y el amor se gana con sacrificio, con sonrisas y con picardía también (...). La atención de la mujer casada debe centrarse en el marido y en los hijos. Como la del marido debe centrarse en su mujer y en sus hijos. Y a esto hay que dedicar tiempo y empeño, para acertar, para hacerlo bien. Todo lo que haga imposible esta tarea, es malo, no va»[280].

Digamos, por último, que para solucionar los problemas conyugales que pueden presentarse, es necesario *saber perdonar*: el perdón es una forme eminente de entrega, que afirma la dignidad del otro, reconociéndole por lo que es, más allá de lo que hace: la fuerza para perdonar la encuentra el cristiano contemplando a Cristo en la cruz que perdona[281].

278 *Ibidem*, n. 20
279 Juan Pablo II, *Homilía* en la Plaza de Colón, Madrid, 1993
280 San Josemaría Escrivá, *Conversaciones con Mons. Escrivá*, n. 107
281 cfr. Instruc. Pasto. *La familia...*, n. 93

Dejando claro la igualdad de derechos del hombre y la mujer, y por tanto la posibilidad de que la mujer pueda trabajar también fuera de su hogar, «la sociedad debe sin embargo, estructurarse de tal manera que las esposas y madres no sean de hecho obligadas a trabajar fuera de casa y que sus familias puedan vivir y prosperar dignamente, aunque ellas se dediquen totalmente a la propia familia»[282].

«Se debe superar además la mentalidad según la cual el honor de la mujer deriva más del trabajo exterior que de la actividad familiar. Pero esto exige que los hombres estimen y amen verdaderamente a la mujer con todo el respeto de su dignidad personal, y que la sociedad cree y desarrolle las condiciones adecuadas para el trabajo doméstico»[283].

A este respecto, las legislaciones más avanzadas en la protección de la familia han «descubierto» la importancia de la dedicación de la esposa y madre a su hogar, para la buena marcha de la familia, y subvencionan el trabajo doméstico de modo similar al de otras tareas. «La 'fatiga' de la mujer —que después de haber dado a luz un hijo lo alimenta, lo cuida y se ocupa de su educación, especialmente en los primeros años— es tan grande que no hay que temer la confrontación con ningún trabajo profesional. Esto hay que afirmarlo claramente, no menos de como se reivindica cualquier otro derecho relativo al trabajo. La maternidad, con todos los esfuerzos que comporta, debe obtener también un reconocimiento económico igual, al menos, que el de los demás trabajos afrontados

---

282 *Familiaris consortio*, n. 23. Es un hecho patente el trabajo profesional de la mujer fuera del hogar. En España, del total de mujeres de 15 a 64 años, en 1990 trabajaban fuera de casa el 33,4 % (en 1950 eran sólo el 11,8 %), y el 46,2 en 1996 (Datos de la OCDE; cfr. Aceprensa 9/01).

283 *Ibidem*

para mantener la familia en una fase tan delicada de su existencia»[284].

Pero *esta tarea primaria de la madre requiere el complemento del padre:* «El amor a la esposa madre y el amor a los hijos son para el hombre el camino natural para la comprensión y la realización de su paternidad. Sobre todo, donde las condiciones sociales y culturales inducen fácilmente al padre a un cierto desinterés respecto de la familia o bien a una presencia menor en la acción educativa, es necesario esforzarse para que se recupere socialmente la convicción de que el puesto y la función del padre en y por la familia son de una importancia única e insustituible. Como la experiencia enseña, la ausencia del padre provoca desequilibrios psicológicos y morales, además de dificultades notables en las relaciones familiares, como también, en circunstancias opuestas, la presencia opresiva del padre, especialmente donde todavía está en vigor el fenómeno del 'machismo', o sea, la superioridad abusiva de las prerrogativas masculinas que humillan a la mujer e inhiben el desarrollo de sanas relaciones familiares»[285].

LOS PADRES, LOS PRIMEROS EDUCADORES

«La familia, como comunidad educadora fundamental e insustituible, es el vehículo privilegiado para la transmisión de aquellos valores religiosos y culturales que ayudan a la persona a adquirir la propia identidad»[286]. Y «los padres educan fundamentalmente con su conducta. Lo que los hijos y las hijas

284 Juan Pablo II, *Carta a las Familias*, n. 17. Sobre el apoyo a las familias en Europa, cfr. Lluis Flaquer, *Las políticas familiares en una perspectiva comparada*, Fundac. «La Caixa», Barcelona, 2000, 165 págs. cfr. el comentario de Rafael Serrano, en Aceprensa 9/01.

285 *Familiaris consortio*, n. 25

286 Juan Pablo II, *Mensaje para la Jornada Mundial de la Paz*, 1-I-1994

buscan en su padre o en su madre no son sólo unos conocimientos más amplios que los suyos o unos consejos más o menos acertados, sino algo de mayor categoría: un testimonio del valor y del sentido de la vida encarnado en una existencia concreta, confirmado en las diversas circunstancias y situaciones que se suceden a lo largo de los años»[287]: la honradez personal, la coherencia con las propias creencias, la seriedad en el trabajo, la serenidad ante las dificultades, la sobriedad de vida, etc., constituyen las mejores enseñanzas que los padres pueden transmitir a sus hijos. De este modo, además, los padres se ganarán la confianza de sus hijos y serán los mejores amigos de ellos, lo que especialmente en los años críticos de la adolescencia es de una importancia capital.

No debe olvidarse que para educar a los hijos *es muy importante que los padres estén de acuerdo en los criterios fundamentales*; es comprensible que puedan discrepar en algunos puntos, pero en ese caso convendrá que no discutan entre sí delante de los hijos: es mejor que los comenten aparte, y traten de ponerse de acuerdo; en caso contrario, los hijos, sobre todo si son pequeños, no saben «a qué carta quedarse», se desconciertan y no les hace bien ver el enfrentamiento de sus padres. El buen entendimiento entre los padres es la condición necesaria para una educación honda y eficaz.

Y entre los valores que los padres han de inculcar, ocupa un lugar muy importante en nuestros días *la paz*, que se consigue con el *respeto a la dignidad de cada persona, con la comprensión, la paciencia, el mutuo estímulo y el perdón recíproco, con el amor verdadero que lleva a buscar el bien del otro*, incluso a costa del propio sacrificio; un amor que se proyecta hacia los más necesitados de protección y de afecto, y que va acompañado siempre de la justicia, tan necesaria para

287 San Josemaría Escrivá, *Es Cristo que pasa*, n. 28

la paz: «una civilización de paz no es posible si falta el amor (...). Para poder lograr un futuro de paz es necesario que cada pequeño ser humano experimente el calor de un afecto cercano y constante, no la traición o la explotación».[288]

Íntimamente unido al aprendizaje del amor y la paz, «*la familia es el lugar privilegiado para la educación y el ejercicio de la vida fraterna, de la caridad y la solidaridad*»[289], que es el mejor antídoto contra el consumismo y el materialismo de Occidente. Esta lección se aprende, entre otras maneras, acogiendo y respetando a los demás miembros de la familia y compartiendo con alegría las cosas propias: la experiencia de la privación ayuda a forjar el carácter y dominar los instintos, en particular el de la posesión exclusiva. 'Los hijos deben crecer en una justa libertad ante los bienes materiales, adoptando un estilo de vida sencillo y austero, convencidos de que 'el hombre vale más por lo que es que por lo que tiene' (GS,35)»[290].

Así seremos más conscientes de las carencias y necesidades ajenas: familias sumidas en la pobreza, desempleo, disgregación del núcleo familiar, explotación de niños, ancianos sin hogar, «niños de la calle», etc. «Los cristianos y los hombres de buena voluntad tienen el deber de sostener a las familias en dificultades, facilitándoles los medios espirituales y materiales para salir de las situaciones, frecuentemente trágicas, que acabamos de mencionar»[291].

Otra enseñanza muy importante que ha de transmitir la familia es *una educación sexual clara y delicada*. Como ya hemos hablado de este tema, digamos simplemente ahora que «ante una cultura que 'banaliza' en gran parte la sexualidad humana, porque la interpreta y la vive de manera reductiva

288 Juan Pablo II, *Mensaje para la Jornada Mundial de la Paz*, 1-I-1994
289 Juan Pablo II, *Mensaje para la Cuaresma*, 1994
290 *Familiaris consortio*, n. 37
291 *Ibidem*

y empobrecida, relacionándola únicamente con el cuerpo y el placer egoísta, el servicio educativo de los padres debe basarse sobre una cultura sexual que sea verdadera y plenamente personal. En efecto, la sexualidad es una riqueza de toda la persona —cuerpo, sentimiento y espíritu— y manifiesta su significado íntimo al llevar la persona hacia el don de sí misma en el amor.[292]» La escuela tiene en esto un papel subsidiario, supeditada al buen criterio de los padres.

«En este contexto es del todo irrenunciable la *educación para la castidad,* como virtud que desarrolla la auténtica madurez de la persona y la hace capaz de respetar y promover el 'significado esponsal' del cuerpo». Y además los padres cristianos han de reservar una atención especial a la *«educación para la virginidad,* como forma suprema del don de uno mismo que constituye el sentido mismo de la sexualidad humana»[293].

Para los cristianos, recordemos que «la familia cristiana es el primer ámbito para la *educación en la oración.* Fundada en el sacramento del Matrimonio, es la 'iglesia doméstica' donde los hijos de Dios aprenden a orar 'en Iglesia' y a perseverar en la oración. Particularmente para los niños pequeños, la oración diaria familiar es el primer testimonio de la memoria vida de la Iglesia que es despertada pacientemente por el Espíritu Santo»[294]. Como recordó Benedicto XVI en el Encuentro Mundial de la Familia en Valencia, «la familia está llamada a colaborar en la transmisión de la fe (...). La familia cristiana transmite la fe cuando los padres enseñan a sus hijos a rezar y rezan con ellos (FC, 60); cuando los acercan a los sacramentos y los van introduciendo en la vida de la Iglesia; cuando todos se

292 *Ibidem*
293 *Ibidem*
294 *Catecismo de la Iglesia Católica*, n. 2685

reúnen para leer la Biblia, iluminando la vida familiar a la luz de la fe y alabando a Dios como Padre»[295].

En la educación cristiana de los hijos debemos subrayar un aspecto de gran importancia: «mostrar que Dios es Padre y exponer adecuadamente a los propios hijos que son hijos de Dios y como tales deben comportarse». Los padres transmiten esa enseñanza a sus hijos, de una parte «con el amor paterno y materno que sienten por sus hijos, incondicional y abnegado, dispuesto siempre al perdón, comprensivo y gratuito» y así «transparentan de algún modo el amor paterno de Dios». Pero además es necesario que los padres vayan por delante: «son ellos los primeros que han de saberse y sentirse hijos de Dios y comportarse como tales» y así enseñarles con su ejemplo[296].

Benedicto XVI nos previene del «peligro que corre el destino de la familia humana constituido por el desequilibrio entre el crecimiento tan rápido de nuestro poder técnico y el crecimiento mucho más lento de nuestros recursos morales». Por eso es «*decisiva la cuestión de la educación de la persona*», y más aún en las edades tempranas de la vida. «Es preciso preocuparse por la formación de su inteligencia, sin descuidad la de su libertad y capacidad de amar. Por esto es necesario recurrir también a la ayuda de la gracia». Para que la educación sea verdadera «debe suscitar la valentía de las decisiones definitivas» para decir «no» a las «formas débiles y desviadas del amor y a las falsificaciones de la libertad, así como a la reducción de la razón sólo a lo que se puede calcular y manipular. En realidad —afirma el Papa— estos «no» son más bien «sí» al amor auténtico, a la realidad del hombre tal como ha sido creado por Dios»[297].

---

295 Benedicto XVI, *Homilía* en la Misa de Clausura del V Encuentro Mundial de la Familia, Valencia, 9-VII-2006

296 Javier Echevarría, *Eucaristía y vida cristiana*, Ed. Rialp, 2005, pág. 146

297 Benedicto XVI, *Discurso* a la IV Asamblea Eclesial Nacional de Italia, Verona, 19-X-2006

GENEROSIDAD EN EL NÚMERO DE HIJOS

Punto de especial importancia en estos tiempos es el *ejercicio correcto de la paternidad responsable*, para lo cual es necesario que los padres vean que los hijos son un don preciosísimo del matrimonio. Los hijos, engendrados consciente y deliberadamente, son «reflejo viviente de su amor (de esposos), signo permanente de la unidad conyugal y síntesis viva e inseparable del padre y de la madre.»[298]

El amor esponsal que debe llevar al don de la vida, requiere la aceptación del otro cónyuge en su integridad, es decir exige quererle como posible padre o madre, pues es una verdad contenida en la misma «carne» que les une. La relación entre el significado unitivo y procreador del acto conyugal, no es algo que «pongan» los esposos, sino que es el modo de ser los «rectos intérpretes» del lenguaje de la «carne» en la que se unen. Cuando se rompe la unión entre la carne y el espíritu —el dualismo antropológico ya visto—, se piensa que el cuerpo carece de significados morales intrínsecos y no se entiende que la unión de los cuerpos debe ser la unión de las personas, y por tanto ha de estar abierta a la procreación[299].

Conviene no olvidar que «*en la paternidad y maternidad humanas Dios mismo está presente* de un modo diverso de como lo está en cualquier otra generación 'sobre la tierra'. En efecto, solamente de Dios puede provenir aquella imagen y semejanza, propia del ser humano, como sucedió en la creación. La generación es, por consiguiente, la continuación de la creación»[300].

298 *Familiaris consortio*, n. 14. «El niño hace de sí mismo un don a los hermanos, hermanas, padres, a toda la familia. *Su vida se convierte en don para los mismos donantes de la vida*» (Carta a las Familias, n. 11).

299 cfr. Instruc. Past. *La familia...* o.c., nn. 68,70 y 72

300 Juan Pablo II, *Carta a las Familias*, 1994, n. 9

Escribe Benedicto XVI: «También en la generación de los hijos el matrimonio refleja su modelo divino, el amor de Dios al hombre. En el hombre y en la mujer, la paternidad y la maternidad, como el cuerpo y como el amor, no se pueden reducir a lo biológico: la vida sólo se da enteramente cuando juntamente con el nacimiento se dan también el amor y el sentido que permiten decir sí a esta vida. Precisamente esto muestra cuán contrario al amor humano, a la vocación profunda del hombre, es cerrar sistemáticamente la propia unión al don de la vida y, aún más, suprimir o manipular la vida que nace»[301].

A veces la procreación no es posible, pero, «no por esto pierde su valor la vida conyugal. La esterilidad física, en efecto, puede dar ocasión a los esposos para otros servicios importantes a la vida de la persona humana, como por ejemplo la adopción, las diversas formas de obras educativas, la ayuda a otras familias, a los niños pobres o minusválidos»[302].

Dios, que ha llamado a los esposos cristianos *al* matrimonio, continúa llamándolos *en el* matrimonio[303], para quc ejerciten en él su vocación cristiana a la santidad, y contribuyan a la «construcción» de la Iglesia, acogiendo la palabra de Dios y difundiéndola con su ejemplo.

EL MATRIMONIO COMO VOCACIÓN

Otro punto de gran importancia, en el que no se repara lo suficiente o incluso se ignora, es considerar que, para un cristiano,

301 Benedicto XVI, *Discurso* en la ceremonia de apertura de la Asamblea Eclesial de la Diócesis de Roma, 6-VI-2005

302 Juan Pablo II, *Carta a las Familias*, n. 9. «Los esposos a los que Dios no ha concedido tener hijos pueden llevar una vida conyugal plena de sentido, humana y cristianamente. Su matrimonio puede irradiar una fecundidad de caridad, de acogida y de sacrificio». (*Catecismo de la Iglesia Católica*, n. 1654).

303 cfr. *Familiaris consortio*, n. 50

el matrimonio no es «una simple institución social, ni mucho menos un remedio para las debilidades humanas», sino «una auténtica vocación sobrenatural»[304], como se deduce de la enseñanza de San Pablo, que habla del matrimonio como sacramento grande en Cristo y en la Iglesia (cfr. Eph 5,32). El matrimonio sacramento es «signo sagrado que santifica, acción de Jesús, que invade el alma de los que se casan y les invita a seguirle, transformando toda la vida matrimonial en un andar divino en la tierra»[305].

Los cristianos tienen que conocer la hondura sobrenatural de su matrimonio, para vivirlo como el camino ordinario por el que Dios les llama para ir al Cielo; deben advertir que no van al matrimonio porque es lo «normal», lo «natural» simplemente, sino porque ese es el modo de vida por el que Dios «me» llama, de modo semejante a como a otros les llama a seguirle en el celibato apostólico, renunciando a la inclinación natural al matrimonio. Es indudable que el que viva su matrimonio con conciencia clara de «vocación matrimonial» será más consciente de lo que Dios espera de él en cada circunstancia. Por eso «es muy importante que el sentido vocacional del matrimonio no falte nunca tanto en la catequesis y en la predicación, como en la conciencia de aquellos a quienes Dios quiera en ese camino, ya que están real y verdaderamente llamados a incorporarse en los designios divinos para la salvación de todos los hombres»[306].

LOS DERECHOS DE LA FAMILIA

Por último, a modo de resumen, deben tenerse en cuenta *los derechos de la familia,* presentados por la Santa Sede en 1983,

304 San Josemaría Escrivá, *Es Cristo que pasa*, n. 23
305 Ibidem
306 Ibidem,. n. 30

que conviene conocer, y que es necesario que las legislaciones civiles sobre la familia, nacionales e internacionales, los respeten. Son válidos para todas las familias, independientemente de sus creencias religiosas. Recogemos textualmente su contenido tal como ha sido elaborado por la Santa Sede.

CARTA DE LOS DERECHOS DE LA FAMILIA

Introducción

La «Carta de los Derechos de la Familia» responde a un voto formulado por el Sínodo de los obispos reunidos en Roma en 1980, para estudiar el tema «El papel de la familia cristiana en el mundo contemporáneo» (cfr. Proposición 42). Su Santidad el Papa Juan Pablo II, en la Exhortación Apostólica *Familiaris consortio* (n. 46) aprobó el voto del Sínodo e instó a la Santa Sede para que preparara una Carta de los Derechos de la Familia destinada a ser presentada a los organismos y autoridades interesadas.

Es importante comprender exactamente la naturaleza y el estilo de la Carta tal como es presentada aquí. Este documento no es una exposición de teología dogmática o moral sobre el matrimonio y la familia, aunque refleja el pensamiento de la Iglesia sobre la materia. No es tampoco un código de conducta destinado a las personas o a las instituciones a las que se dirige. La Carta difiere también de una simple declaración de principios teóricos sobre la familia. Tiene más bien la finalidad de presentar a todos nuestros contemporáneos, cristianos o no, una formulación —lo más completa y ordenada posible— de los derechos fundamentales inherentes a esta sociedad natural y universal que es la familia.

Los derechos enunciados en la Carta están impresos en la conciencia del ser humano y en los valores comunes de toda la humanidad. La visión cristiana está presente en esta Carta como luz de la revelación divina que esclarece la realidad natural de la familia. Esos derechos derivan en definitiva de la ley inscrita por el Creador en el corazón de todo ser humano. La sociedad está llamada a defender esos derechos contra toda violación, a respetarlos y a promoverlos en la integridad de su contenido.

Los derechos que aquí se proponen han de ser tomados según el carácter específico de una « Carta ». En algunos casos, conllevan normas propiamente vinculantes en el plano jurídico; en otros casos, son expresión de postulados y de principios fundamentales para la elaboración de la legislación y desarrollo de la política familiar. En todo caso, constituyen una llamada profética en favor de la institución familiar que debe ser respetada y defendida contra toda agresión.

Casi todos estos derechos han sido expresados ya en otros documentos, tanto de la Iglesia como de la comunidad internacional. La presente Carta trata de ofrecer una mejor elaboración de los mismos, definirlos con más claridad y reunirlos en una presentación orgánica, ordenada y sistemática. En el anexo se podrá encontrar la indicación de « fuentes y referencias » de los textos en que se han inspirado algunas de las formulaciones.

La Carta de los Derechos de la Familia es presentada ahora por la Santa Sede, organismo central y supremo de gobierno de la Iglesia católica. El documento ha sido enriquecido por un conjunto de observaciones y análisis reunidos tras una amplia consulta a las Conferencias episcopales de toda la Iglesia, así como a expertos en la materia y que representan culturas diversas.

La Carta está destinada en primer lugar a los Gobiernos. Al reafirmar, para bien de la sociedad la conciencia común de los derechos esenciales de la familia, la Carta ofrece a todos aquellos que comparten la responsabilidad del bien común un modelo y una referencia para elaborar la legislación y la política familiar, y una guía para los programas de acción.

Al mismo tiempo la Santa Sede propone con confianza este documento a la atención de las Organizaciones Internacionales e intergubernamentales que, por su competencia y su acción en la defensa y promoción de los derechos del hombre, no pueden ignorar o permitir las violaciones de los derechos fundamentales de la familia.

La Carta, evidentemente, se dirige también a las familias mismas: ella trata de fomentar en el seno de aquéllas la conciencia de la función y del puesto irreemplazable de la familia; desea estimular a las familias a unirse para la defensa y la promoción de sus derechos; las anima a cumplir su deber de tal manera que el papel de la familia sea más claramente comprendido y reconocido en el mundo actual.

La Carta se dirige finalmente a todos, hombres y mujeres, para que se comprometan a hacer todo lo posible, a fin de asegurar que los derechos de la familia sean protegidos y que la institución familiar sea fortalecida para bien de toda la humanidad, hoy y en el futuro.

La Santa Sede, al presentar esta Carta, deseada por los representantes del Episcopado mundial, dirige una llamada particular a todos los miembros y a todas las instituciones de la Iglesia, para que den un testimonio claro de sus convicciones cristianas sobre la misión irreemplazable de la familia, y procuren que familias y padres reciban el apoyo y estímulo necesarios para el cumplimiento de la tarea que Dios les ha confiado.

Preámbulo

Considerando que:

A. Los derechos de la persona, aunque expresados como derechos del individuo, tienen una dimensión fundamentalmente social que halla su expresión innata y vital en la familia.

B. La familia está fundada sobre el matrimonio, esa unión íntima de vida, complementó entre un hombre y una mujer, que está constituida por el vínculo indisoluble del matrimonio, libremente contraído, públicamente afirmando, y que está abierta a la transmisión de la vida.

C. El matrimonio es la institución natural a la que está exclusiva mente confiada la misión de transmitir la vida.

D. La familia sociedad natural, existe antes que el Estado o cualquier otra comunidad y posee unos derechos propios que son inalienables.

E. La familia constituye, más que una unidad jurídica, social y económica, una comunidad de amor y de solidaridad, insustituible para la enseñanza y transmisión de los valores culturales, éticos, sociales, espirituales y religiosos, esenciales para el desarrollo y bienestar de sus propios miembros y de la sociedad.

F. La familia es el lugar donde se encuentran diferentes generaciones y donde se ayudan mutuamente a crecer en sabiduría humana y a armonizar los derechos individuales con las demás exigencias de la vida social.

G. La familia y la sociedad, vinculadas mutuamente por lazos vitales y orgánicos, tienen una función complementaria en la defensa y promoción del bien de la humanidad y de cada persona.

H. La experiencia de diferentes culturas a través de la historia ha mostrado la necesidad que tiene la sociedad de reconocer y defender la institución de la familia.

I. La sociedad y de modo particular el Estado y las Organizaciones Internacionales, deben proteger la familia con medidas de carácter político, económico, social y jurídico, que contribuyan a consolidar la unidad y la estabilidad de la familia para que pueda cumplir su función específica.

J. Los derechos, las necesidades fundamentales, el bienestar y los valores de la familia, por más que se han ido salvaguardando progresivamente en muchos casos, con frecuencia son ignorados y no raras veces minados por leyes, instituciones y programas socioeconómicos.

K. Muchas familias se ven obligadas a vivir en situaciones de pobreza que les impiden cumplir su propia misión con dignidad.

L. La Iglesia Católica, consciente de que el bien de la persona, de la sociedad y de la Iglesia misma pasa por la familia, ha considerando siempre parte de la misión proclamar a todos el plan de Dios intrínseco a la naturaleza humana sobre el matrimonio y la familia, promover estas dos instituciones y defenderlas de todo ataque dirigido contra ellas.

M. El Sínodo de los Obispos celebrado en 1980 recomendó explícitamente que se prepara una Carta de los Derechos de la Familia y se enviara a todos los interesados; la Santa Sede, tras haber consultado a las Conferencias Episcopales, presenta ahora la Carta e insta a los Estados, Organizaciones Internacionales y a todas las Instituciones y personas interesadas, para que promuevan el respeto de estos derechos y aseguren su efectivo reconocimiento y observancia.

Carta de los Derechos de la Familia

ARTÍCULO 1

Todas las personas tienen el derecho de elegir libremente su estado de vida y por lo tanto derecho a contraer matrimonio y establecer una familia o a permanecer célibes.

a) Cada hombre y cada mujer, habiendo alcanzado la edad matrimonial y teniendo la capacidad necesaria, tiene el derecho de contraer matrimonio y establecer una familia sin discriminaciones de ningún tipo; las restricciones legales a ejercer este derecho, sean de naturaleza permanente o temporal, pueden ser introducidas únicamente cuando son requeridas por graves y objetivas exigencias de la institución del matrimonio mismo y de su carácter social y público; deben respetar, en todo caso, la dignidad y los derechos fundamentales de la persona.
b) Todos aquellos que quieren casarse y establecer una familia tienen el derecho de esperar de la sociedad las condiciones morales, educativas, sociales y económicas que les permitan ejercer su derecho a contraer matrimonio con toda madurez y responsabilidad.
c) El valor institucional del matrimonio debe ser reconocido por las autoridades públicas; la situación de las parejas no casadas no debe ponerse al mismo nivel que el matrimonio debidamente expresado.

ARTÍCULO 2

El matrimonio no puede ser contraído sin el libre y pleno consentimiento de los esposos debidamente expresado.

a) Con el debido respeto por el papel tradicional que ejercen las familias en algunas culturas guiando la decisión de sus hijos, debe ser evitada toda presión que tienda a impedir la elección de una persona concreta como cónyuge.

b) Los futuros esposos tienen el derecho de que se respete sin coacciones su libertad religiosa. Por lo tanto, el imponer como condición previa para el matrimonio una abjuración de la fe, o una profesión de fe que sea contraria a su conciencia, constituye una violación de este derecho.
c) Los esposos, dentro de la natural complementariedad que existe entre hombre y mujer, gozan de la misma dignidad y de iguales derechos respecto al matrimonio.

ARTÍCULO 3

Los esposos tienen el derecho inalienable de fundar una familia y decidir sobre el intervalo entre los nacimientos y el número de hijos a procrear, teniendo en plena consideración los deberes para consigo mismos, para con los hijos ya nacidos, la familia y la sociedad, dentro de una justa jerarquía de valores y de acuerdo con el orden moral objetivo que excluye el recurso a la contracepción, la esterilización y el aborto.

a) Las actividades de las autoridades públicas o de organizaciones privadas, que tratan del limitar de algún modo la libertad de los esposos en las decisiones acerca de sus hijos, constituyen una ofensa grave a la dignidad humana y a la justicia.
b) En las relaciones internacionales, la ayuda económica concedida para la promoción de los pueblos no debe ser condicionada a la aceptación de programas de contracepción, esterilización o aborto.
c) La familia tiene derecho a la asistencia de la sociedad en lo referente a sus deberes en la procreación y educación de los hijos. Las parejas casadas con familia numerosa tiene derecho a una ayuda adecuada y no deben ser discriminadas.

ARTÍCULO 4

La vida humana deber ser respetada y protegida absolutamente desde el momento de la concepción.

a) El aborto es una directa violación del derecho fundamental a la vida del ser humano.
b) El respeto por la dignidad del ser humano excluye toda manipulación experimental o explotación del embrión humano.
c) Todas las intervenciones sobre el patrimonio genético de la persona humana que no están orientadas a corregir las anomalías, constituyen una violación del derecho a la integridad física y están en contraste con el bien de la familia.
d) Los niños, tanto antes como después del nacimiento, tienen derecho a una especial protección y asistencia, al igual que sus madres durante la gestación y durante un período razonable después del alumbramiento.
e) Todos los niños, nacidos dentro o fuera del matrimonio, gozan del mismo derecho a la protección social para su desarrollo personal integral.
f) Los huérfanos y los niños privados de la asistencia de sus padres o tutores deben gozar de una protección especial por parte de la sociedad. En lo referente a la tutela o adopción, el Estado debe procurar una legislación que facilite a las familias idóneas acoger a niños que tengan necesidad de cuidado temporal o permanente y que al mismo tiempo respete los derechos naturales de los padres.
g) Los niños minusválidos tienen derecho a encontrar en casa y en la escuela un ambiente conveniente para su desarrollo humano.

ARTÍCULO 5

Por el hecho de haber dado la vida a sus hijos, los padres tienen el derecho originario, primario e inalienable de educarlos;

por esta razón ellos deben ser reconocidos como los primeros y principales educadores de sus hijos.

a) Los padres tienen el derecho de educar a sus hijos conforme a sus convicciones morales y religiosas, teniendo presentes las tradiciones culturales de la familia que favorecen el bien y la dignidad del hijo; ellos deben recibir también de la sociedad la ayuda y asistencia necesaria para realizar de modo adecuado su función educadora.
b) Los padres tienen el derecho de elegir libremente las escuelas a sus hijos según sus conciencias. Las autoridades públicas deben asegurar que las subvenciones estatales se repartan de tal manera que los padres sean verdaderamente libres para ejercer su derecho, sin tener que soportar cargas injustas. Los padres no deben soportar, directa o indirectamente, aquellas cargas suplementarias que impiden o limitan injustamente el ejercicio de esta libertad.
c) Los padres tienen el derecho de obtener que sus hijos no sean obligados a seguir cursos que no están de acuerdo con sus convicciones morales y religiosas. En particular, la educación sexual —que es derecho básico de los padres— debe ser impartida bajo su atenta guía, tanto en casa como en los centros educativos elegidos y controlados por ellos.
d) Los derechos de los padres son violados cuando el Estado impone un sistema obligatorio de educación del que se excluye toda formación religiosa.
e) El derecho primario de los padres a educar a sus hijos debe ser tenido en cuenta en todas las formas de colaboración entre padres, maestros y autoridades escolares, y particularmente en las formas de participación encaminadas a dar a los ciudadanos una voz en el funcionamiento de las escuelas, y en la formulación y aplicación de la política educativa
f) La familia tiene el derecho de esperar que los médicos de comunicación social sean instrumentos positivos para la construcción de la sociedad y que fortalezcan los valores

fundamentales de la familia. Al mismo tiempo ésta tiene derecho a ser protegida adecuadamente, en particular respecto a sus miembros más jóvenes, contra los efectos negativos y los abusos de los medios de comunicación.

ARTÍCULO 6

La familia tiene el derecho de existir y progresar como familia.

a) Las autoridades públicas deben respetar y promover la dignidad, justa independencia, intimidad, integridad y estabilidad de cada familia.
b) El divorcio atenta contra la institución misma del matrimonio y de la familia.
c) El sistema de familia amplia, donde exista, debe ser tenido en estima y ayudado en orden a cumplir su papel tradicional de solidaridad y asistencia mutua, respetando a la vez los derechos del núcleo familiar y la dignidad personal de cada miembro.

ARTÍCULO 7

Cada familia tiene el derecho de vivir libremente su propia vida religiosa en el hogar, bajo la dirección de los padres, así como el derecho de profesar públicamente su fe y propagarla, participar en los actos de su fe y propagar y participar en los actos de culto en público y en los programas de instrucción religiosa libremente elegidos, sin sufrir alguna discriminación

ARTICULO 8

La familia tiene el derecho de ejercer su función social y política en la construcción de la sociedad.

a) Las familias tienen el derecho de formar asociaciones con otras familias e instituciones, con el fin de cumplir la tarea familiar de manera apropiada y eficaz, así como defender los derechos, fomentar el bien y representar los intereses de la familia.
b) En el orden económico, social, jurídico y cultural, las familias y las asociaciones familiares deben ver reconocido su propio papel en la planificación y el desarrollo de programas que afectan a la vida familiar.

ARTÍCULO 9

Las familias tienen el derecho de poder contar con una adecuada política familiar por parte de las autoridades públicas en el terreno jurídico, económico, social y fiscal, sin discriminación alguna.

a) Las familias tienen el derecho a unas condiciones económicas que les aseguren un nivel de vida apropiado a su dignidad y a su pleno desarrollo. No se les puede impedir que adquieran y mantengan posesiones privadas que favorezcan una vida familiar estable; y las leyes referentes a herencias o transmisión de propiedad deben respetar las necesidades y derechos de los miembros de la familia.
b) Las familias tienen derecho a medidas de seguridad social que tengan presentes sus necesidades, especialmente en caso de muerte prematura de uno o ambos padres, de abandono de uno de los cónyuges, de accidente, enfermedad o invalidez, en caso de desempleo, o en cualquier caso en que la familia tenga que soportar cargas extraordinarias a favor de sus miembros por razones de ancianidad, impedimentos físicos o psíquicos, o por la educación de los hijos.
c) Las personas ancianas tienen el derecho de encontrar dentro de su familia o, cuando esto no sea posible, en instituciones

adecuadas, un ambiente que les facilite vivir sus últimos años de vida serenamente, ejerciendo una actividad compatible con su edad y que les permita participar en la vida social.

d) Los derechos y necesidades de la familia, en especial el valor de la unidad familiar, deben tenerse en consideración en la legislación y política penales, de modo que el detenido permanezca en contacto con su familia y que ésta sea adecuadamente sostenida durante el período de la detención.

ARTÍCULO 10

Las familias tienen derecho a un orden social y económico en el que la organización del trabajo permita a sus miembros vivir juntos, y que no sea obstáculo para la unidad, bienestar, salud y estabilidad de la familia, ofreciendo también la posibilidad de un sano esparcimiento.

a) La remuneración por el trabajo debe ser suficiente para fundar y mantener dignamente a la familia, sea mediante un salario adecuado, llamado «salario familiar», sea mediante otras medidas sociales como los subsidios familiares o la remuneración por el trabajo en casa de uno de los padres; y deber ser tal que las madres no sea vean obligadas a trabajar fuera de casa en detrimento de la vida familiar y especialmente de la educación de los hijos.
b) El trabajo de la madre en casa debe ser reconocido y respetado por su valor para la familia y la sociedad.

ARTÍCULO 11

Las familias tienen derecho a una vivienda decente, apta para la vida familiar, y proporcionada al número de sus miembros en un ambiente físicamente sano que ofrezca los servicios básicos para la vida de la familia y de la comunidad.

ARTÍCULO 12

Las familias de emigrantes tienen derecho a la misma protección que se da a las otras familias.

a) Las familias de los inmigrantes tienen el derecho de ser respetadas en su propia cultura y recibir el apoyo y la asistencia en ordena su integración dentro de la comunidad, a cuyo bien contribuyen.
b) Los trabajadores emigrantes tiene el derecho de ver reunida su familia lo antes posible.
c) Los refugiados tienen derecho a la asistencia de las autoridades públicas y de las organizaciones Internacionales que les facilite la reunión de sus familias.

BIBLIOGRAFÍA

Amadeo Aparicio, «Casarse: un compromiso para toda la vida», Ed. Eunsa, 2002, 183 págs.

Amadeo Aparicio, «Hacia el éxito en el matrimonio», folletos mc, n. 743, 2004

André Leonard, «Moral sexual explicada a los jóvenes», libros mc, 1994, 120 págs.

Augusto Sarmiento, «El matrimonio cristiano», Ed. Eunsa, 1997

Aurelio Fernández, «Parejas de hecho», folleto mc, 1999

Benedicto XVI, Enc. «Dios es amor», 2005

Benedicto XVI, varios Discursos: Discurso a la Asamblea Eclesial de la Diócesis de Roma, 6-VI-2005; Discurso a la IV Asamblea Eclesial Nacional de Italia, Verona, 19-X-2006; Homilía en el Encuentro Mundial de la Familia, Valencia, 9-VII-2006; Discurso en la Jornada Mundial de la Paz, 2007;

Carlo Caffarra, «Etica general de la sexualidad», Ed. Eiunsa, 1995, 122 págs.

Comentario Exegético al Código de D. Canónico, Ed. Eunsa, vol III, cc. 1156-1161

Conferencia Episcopal Española, Inst. Pastoral «La familia, santuario de la vida y esperanza de la sociedad», 2001

Conferencia Episcopal Española, Inst. Pastoral «Orientaciones morales ante la situación actual de España», 2006

Congregación para la Doctrina de la Fe, «Persona humana», 1975

Congregación para la Doctrina de la Fe, «Carta sobre la atención pastoral a las personas homosexuales», 1986

Congregación para la Doctrina de la Fe, «Carta a los Obispos de la Iglesia Católica sobre la colaboración del hombre y la mujer en la Iglesia y en el mundo», 2004

Congregación para la Educación Católica, «Pautas de Educación sexual», 1983

Consejo Pontificio para la Familia, «Sexualidad humana: verdad y significado. Orientaciones educativas en familia», 1997

Consejo Pontificio para la Familia, «Los Derechos de la Familia», 1983

Consejo Pontificio para la Familia, «Preparación al Sacramento del Matrimonio», 1996

Consejo Pontificio para la Familia, «Familia, Matrimonio y Uniones de hecho», 2000

Consejo Pontificio para la Familia, «Léxicon. Términos ambiguos y discutidos sobre la familia, vida y cuestiones éticas», Palabra, 2004.
Consejo Pontificio Justicia y Paz, «Compendio de la Doctrina Social de la Iglesia», 2005
Derville, Guillaume, «Amor y desamor. La pureza liberadora», Rialp, 2015
Dolores García Hervás, «Las mal llamadas uniones de hecho», Alfa y Omega, 12- X-2000
Ernesto Juliá, «Porqué casarse en la Iglesia», folletos mc, n. 756, 2005
Francisco, Audiencias sobre la familia, del 10-XII-2014 a 14-X-2015
Francisco, Exhortación Apostólica «Amoris laetitia», 19-III-2016
Gerard J.M. den Aardweg, «Homosexualidad y esperanza», Ed. Eunsa, 1997
Javier Echevarría, «Eucaristía y vida cristiana», Ed. Rialp, 2005, 245 págs.
Javier Echevarría, «Itinerarios de vida cristiana», Ed. Planeta Testimonio, 2001, 263 págs.
Jesús Urteaga, Dios y la familia, Palabra, 1995
Jesús Arteaga, Dios y los hijos, Palabra, 1995
Joan Carreras, «Las bodas: sexo, fiesta y derecho», Ed. Rialp, 1994, 221 págs.
Jorge Miras y Juan Ignacio Bañares, «Matrimonio y Familia», Ed. Rialp, 2006, 203 págs.
José Antonio López Ortega, «Educación de la sexualidad», Ed. Eunsa, 1994
José Antonio Sayés, «Moral de la sexualidad», col. TAU, Avila, 1991
José Mª Contreras, «Entre tú y yo. Una relación inteligente», Ed. LibrosLibres, Madrid, 2003
Karol Wojtyla, «Amor y responsabilidad», Ed. Razón y Fe, 8ª ed. 1978, 340 págs.
Lawler, Boyle, May, «Etica sexual», Ed. Eunsa, 1992, 412 págs.
Pablo VI, Enc. «Humanae vitae», 1968
Revista Palabra, V-2001 (dedicado a la Castidad)
Rocco Buttiglione, «La persona y la familia», Ed. Palabra, 1999, 279 págs.
San Josemaría Escrivá de Balaguer, «El matrimonio, vocación cristiana», 1970 (en «Es Cristo que pasa)
San Juan Pablo II, Exh. Apost. «Familiaris consortio», 1981
San Juan Pablo II, Enc. «Mulieris dignitatem», 1988
San Juan Pablo II, Discursos a la Rota Roma, 5-II-87 y 25-I-88
San Juan Pablo II, Carta a las Familias, 1994
San Juan Pablo II, Enc. «Evangelium vitae», 1995
San Juan Pablo II, Carta a los Ancianos, 1999
San Juan Pablo II, «Hombre y mujer los creó», Ed. Cristiandad, 2000
Tomás Melendo, «Matrimonio y felicidad», folletos mc, n. 736, 2003
Víctor García Hoz, «Educación de la sexualidad», ICF-Rialp, 1990